I0568588

www.ingramcontent.com/pod-product-compliance
Lightning Source LLC
Chambersburg PA
CBHW071321120626
46546CB00002B/389
9781990760716

به نام خالق عشق و نور و آگاهی

آن انسان زیبای دیگر

راهنمای کوچینگ تحول آفرین زیبایی

نویسنده: شهلا منیعی

سریال کتاب: .P2245110126

عنوان: آن انسان زیبای دیگر

زیر نویس عنوان: راهنمای کوچینگ تحول آفرین زیبایی

پدید آورنده: شهلا منیعی

ویراستار: پروین شیر بیشه

صفحه آرا: یاسر صالحی، نرگس تاج الدینی

طراح جلد: زهرا بیگدلی، محبوبه لعلپور

شابک: ISBN: 978-1-990760-71-6

موضوع: توسعه فردی، خودشناسی

مشخصات کتاب: Paperback, A5

تعداد صفحات: ۲۲۲

تاریخ نشر در کانادا: دسامبر ۲۰۲۲

Kidsocado Publishing House

خانه انتشارات کیدزوکادو

ونکوور، کانادا

تلفن: +1 (833) 633 8654

واتس آپ: +1 (236) 333 7248

ایمیل: INFO@KIDSOCADO.COM

وبسایت انتشارات: HTTPS://KIDSOCADOPUBLISHINGHOUSE.COM

وبسایت فروشگاه: HTTPS://KPHCLUB.COM

سلام هم زبان

دستیابی ایرانیان مقیم خارج از کشور به کتاب‌های بسیار متنوع و جدیدی که به تازگی در ایران نگاشته و چاپ می‌شوند، محدود است. ما قصد داریم این خدمت را به فارسی زبانان دنیا هدیه دهیم تا آنها بتوانند مانند شما با یک کلیک کتاب‌هایی در زمینه‌های مختلف را خریداری کنند و درب منزل تحویل بگیرند.

ما در گروه KPH و یا خانه انتشارات کیدزوکادو این افتخار را داریم تا برای اولین بار در جهان کتاب‌های با ارزش تألیفی با زبانهای فارسی، انگلیسی، فرانسه و چند زبان دیگر را در خارج از ایران منتشر کنیم و در دسترس جهانیان قرار دهیم، باشد که گوشه‌ای از توانایی ایرانیان را به دنیا نشان دهیم.

از اینکه توانستیم کتابهای جدید و با ارزشی که به قلم عالی نویسندگان و نخبه‌گان خوب ایرانی نگاشته شده است را در اختیار شما قرار دهیم و در هر چه بیشتر معرفی‌کردن ایران، ایرانیان و فارسی زبانان قدم برداریم، بسیار احساس رضایتمندی داریم.

این کتاب‌ها تحت اجازه مستقیم نویسنده و یا انتشارات کتاب صورت گرفته و سود حاصله بعد از کسر هزینه‌ها، به نویسنده پرداخته می‌شود.

خانه انتشارات کیدزوکادو در قبال مطالب داخل کتاب هیچگونه مسئولیتی ندارد و صرفاً به عنوان یک انتشار دهنده می‌باشد. شما خواننده عزیز می‌توانید ما را با به اشتراک گذاشتن نظرات خود در مورد کتاب در وبسایتی که آن را تهیه کرده‌اید، ما را به این کار فرهنگی دلگرمتر کنید. از کامنتی که در برگیرنده نظرتان نسبت به کتاب است عکس بگیرید و برای ما به این ایمیل بفرستید. از هر ۴ نفری که برایمان کامنت می‌فرستند، یک نفر یک کتاب رایگان از انتشارات هدیه می‌گیرد.

ایمیل :   info@kidsocado.com

شما میتوانید این کتاب را در نسخه‌های چاپی رنگی، الکترونیکی و صوتی از وب‌سایت‌های مختلف فروش کتاب تهیه کنید.

برای خوانندگان خارج از ایران این کتاب ازطریق وب‌سایت زیر قابل تهیه است.

www.kidsocadopublishinghouse.com

از شما سپاسگزارم که با تهیه این کتاب برای آموزش خودتان وقت گذاشتید و روی خودتان سرمایه‌گذاری می‌کنید.

بدین‌منظور هدیه ارزشمندی را برای شما در نظر گرفته‌ام که از لینک زیر می‌توانید آن را دریافت نمایید.

www.shalamaniei.com/tobp

فهرست مطالب

تقدیم به توای بهترینم

مادرم

تقدیم با بوسه‌ای عاشقانه بر دستان همیشه مهربانت
و سجده‌ای بر خاک پای وجودت

مادرم که هستی من ز هستی توست
تا هستم و تا ابد، دارمت دوست
ای آنکه مهرت بر قلبم تا ابد پا برجاست!

خودت خوب می‌دانی که
بخش بزرگی از این کتاب را تو با سکوت و با چشمان زیبایت به من
هدیه دادی.

هیچ‌کس به زیبایی تو نمی‌توانست هنر زندگی کردن را به من
بیاموزد.
وجودم برایت همه درد بود و وجودت برایم همه عشق!
در گذر زمان هم مادر بودی و هم استادم شدی،
استادی که با سپیدی موهای زیبایش بر تخته سیاه زندگی نگاشت!

تو به من پرِ پرواز و شوق زیستن را بخشیدی،
تو به من هنر زندگی کردن و مسیح‌وار صبر و مهربانی را آموختی!

۱۵

من حتی در مسیر نوشتن، قلمم را به دستان تو سپردم و به عشقِ تو نوشتم ...

ای کاش اکنون می‌توانستم مثل وقتی در مدرسه نمره‌های خوب می‌گرفتم، به سوی آغوش تو بدوم و کتابم را به تو نشان دهم! افسوس که در این روز زیبا، آغوش گرم و برق چشمانت را کم دارم و تو مرا از آسمان‌ها بر سیاره زمین نظاره‌گر هستی! سپاسگزارم که در این سفر زمینی‌ام مادرم بودی!

تقدیم و سپاسگزاری به خاطر وجود پسر عزیزم که وجودش شادی‌بخش زندگی من است و روزهایم با وجودش رنگین‌کمان دارد.

سپاسگزارم از برادر و خواهر مهربانم که با وجود پرعشقشان همیشه در تمامی مراحل زندگی‌ام مرا همراهی کردند.

پیش سخن

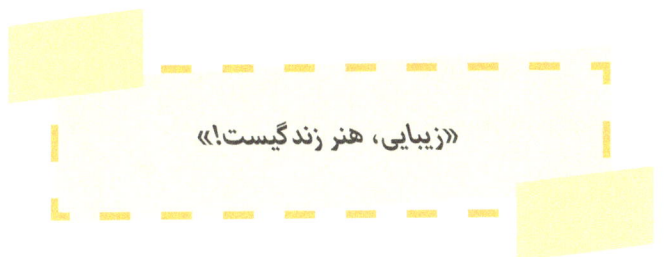

«زیبایی، هنر زندگیست!»

درود بر شما،

از ملاقات و آشنایی با شما خوشبختم! من شهلا منیعی هستم. اگر در حال خواندن این کتاب هستید، احتمالاً به این دلیل است که علاقه‌مند به یادگیری بیشتر در مورد دنیای شگفت‌انگیز کوچینگ تحول‌آفرین انسان زیبا هستید! یا اینکه به تغییر و تحول در زندگی شخصی خودتان علاقه دارید.

خُب، جواب شما هر کدام که باشد، از اینکه اکنون اینجا هستید و این کتاب را در دست دارید، خوشحالم! و البته بیشتر، از این خوشحالم که اکنون یک انسان زیبای دیگر دارد به جهان هستی اضافه می‌شود! پس لطفاً تا انتهای این کتاب همراه من باشید، شاید «معجزه زندگی» منتظر ملاقات و دیدار با شما دوست نازنینم باشد!

گفتار نیک + پندار نیک + کردار نیک + ظاهر و جلوه‌ای نیک = انسان نیک و انسان نیک، به‌طورمعجزه‌آسایی زیباست

و همه بهترین‌های جهان هستی را به‌صورت خودکار به سمت خود جذب می‌کند.

آنچه در این کتاب می‌گویم، قوانین جاری هستند که همیشه در جهان هستی وجود داشته‌اند. شاید خودتان بسیاری از آن‌ها را بدانید! ولی اکنون از شما می‌خواهم از قلمروی دانسته‌هایتان خارج شوید و از صفر با هم شروع کنیم. بیایید برای یک بار هم که شده، واقعاً آن‌ها را در عمل به کار ببرید و زندگی‌شان کنید.

این کتاب بی‌دلیل در دست شما نیست، حتماً به دنبال تغییراتی در زندگی خود هستید. حتی اگر خودتان هم نخواهید، بعد از خواندن این کتاب شما آدم دیگری خواهید شد و بدون اینکه متوجه شوید، شروع به تغییر می‌کنید. مطالبی که می‌خوانید، حداقل زندگی من و خیلی‌های دیگر را به صورت جادویی تغییر داده است. زندگی بسیاری از مراجعه‌کنندگان من نیز با همین مطالب دگرگون شده است.

البته این نکته بسیار مهم است که شما این مطالب را از چه کسی می‌شنوید؟! کسی که خودش آن‌ها را به کار برده و تجربه و زندگی کرده است. پس خواهش می‌کنم به خاطر خودتان هم که شده، آن‌ها را جدی بگیرید!

مباحث این کتاب به صورت خلاصه و البته کاربردی مطرح شده است. به‌طوری‌که درباره هر بخش می‌توان به‌راحتی کتابی جداگانه نوشت و شاید این کار را در آینده انجام دهم!

در این کتاب شما با کوچینگ تحول‌آفرین زیبایی آشنا می‌شوید. اینکه کوچینگ چیست، کوچ کیست و کوچینگ تحول‌آفرین زیبایی چیست و شامل چه چیزهایی می‌شود. در این کتاب می‌کوشم در هر بخش با چند مثال و چکیده‌ای از راهکارهای ساده، شما را با این شاخه از کوچینگ آشنا کنم. مسلماً راهکارها و روش‌های بسیار دیگری در سایر کتاب‌ها و مقالات

وجود دارد. اما من اینجا به صورت ساده‌ای فقط به برخی راهکارهای تغییر و تحول می‌پردازم که زندگی شما را به‌صورت معجزه‌آسایی دگرگون می‌کنند. بی‌صبرانه مشتاقم تمام تجربیات و تحقیقاتم را که در زندگی خودم معجزه کرده است، با شما در میان بگذارم تا بتوانم اثری از خود در جهان هستی باقی بگذارم.

البته کوچینگ تحول‌آفرین به‌خصوص برای تبدیل شدن به یك انسان زیبای دیگر، نیازمند دانش و اطلاعات در زمینه‌های گوناگون است. از جمله: روانشناسی، ارتباطات، خودشناسی، هنر و مهارت زندگی، علوم انسانی، علوم معنوی، علوم رفتاری، قوانین جهان هستی، ساختار افکار و ذهن انسان، فیزیک، کوانتوم و چگونگی کارکرد آن. در مجموع باید با زبان هستی آشنا باشیم و آن را درك کنیم و البته کمی هم صبور باشیم. زیرا تغییر افکار و عادت‌های انسان، کار بسیار دشواری است. مسلماً همه این اطلاعات در یک کتاب نمی‌گنجد، اما مطالعه این کتاب می‌تواند شروعی برای یك حرکت تحول‌آفرین فردی باشد.

اگر می‌خواهید در شغل و کسب‌وکارتان، در زندگی اجتماعی و خانوادگی‌تان، و در حیات معنوی‌تان موفق باشید،

و به‌طورکلی اگر دوست دارید انسان خوشبخت، خوشحال و موفقی باشید، پیش از هر کار و اقدامی اول خودتان را بشناسید و تغییری ۳۶۰ درجه‌ای در افکار و عادت‌های روزانه خود ایجاد کنید. تا دست به هر کاری که می‌زنید، موفق، خوشحال و رضایتمند باشید!

زیرا انسان خوشحال و رضایتمند، موفق است.

و انسان موفق، انسانی است که خوشحال و رضایتمند است.

انسان موفق ← **انسان خوشحال و رضایتمند**

این کار از عادت‌ها، رفتارها و تغییراتی کوچک آغاز می‌شود. بنابراین چیزهای کوچک را دست‌کم نگیرید، بلکه این چیزهای کوچک هستند که زندگی‌تان را به طور معجزه‌آسایی دگرگون می‌کنند.

> یک ضرب‌المثل ژاپنی هست که می‌گوید:
> به خاطر میخی، نعلی افتاد
> به خاطر نعلی، اسبی افتاد
> به خاطر اسبی، سواری افتاد
> به خاطر سواری، جنگی شکست خورد
> به خاطر شکستی، همه چیز نابود شد
> و همه این‌ها به خاطر کسی بود که میخ را خوب نکوبیده بود ...

بنابراین یادمان باشد که:
هر کار ما، هر کلام ما، و هر فکری که در ذهن ما می‌گذرد حتی کوچک، در جهان هستی ثبت می‌شود و اثری بزرگ دارد که شاید در همان لحظه آن را نبینیم! ولی دنیای ما را تغییر می‌دهد. پس مراقب تمام میخ‌های کوچک زندگی‌مان باشیم!

❈ طرز استفاده از این کتاب

در این کتاب قوانینی مطرح می‌شود که همیشه در جهان وجود داشته‌اند و اینجا به صورت بسیار ساده، خلاصه و کاربردی به آن‌ها می‌پردازیم. زیرا رویکرد ما در این کتاب، توجه به کارکرد تحول‌آفرین و زیبایی‌آفرین آن‌هاست. بنابراین به‌طورخلاصه و بدون توضیحات اضافی به راهکارهایی اشاره می‌کنیم که به‌راحتی قابل‌استفاده باشند. سعی کنید پس از خواندن هر فصل، کمی راجع به آن تفکر کنید.

هر فصل حاوی سؤالاتی است که شما می‌توانید داخل کتاب یا در دفتر یادداشتی جداگانه به آن‌ها پاسخ دهید یا اگر چیز مهم دیگری به نظرتان رسید، آن را یادداشت کنید. به خاطر داشته باشید که پاسخ دادن به این سؤالات کلیدی، بسیار مهم است. فراموش نکنید که شما می‌خواهید جهان خود را تغییر دهید! در پایان مطالعه این کتاب، پاسخ‌ها و یادداشت‌هایی که نوشته‌اید، به صورت نقشه راهی برای شما خواهند بود و کمک می‌کنند بتوانید مسیر خودتان را به‌راحتی مشخص کنید.

> به خاطر داشته باشید شما در این راه تنها نیستید!
> بلکه در این مسیر، انرژی کائنات، نور و خرد جهان هستی و عشق من همراه شما خواهد بود.
> منتظر معجزات زیبایی در زندگی تک‌تک شما هستم.

❧ چرا این کتاب را بخوانید؟

مهم‌ترین توصیه من به شما این است: همیشه و حتماً کتاب بخوانید! بیایید به قضیه این‌طور نگاه کنید! در واقع شما با خرید و خواندن کتاب روی خودتان سرمایه‌گذاری می‌کنید. هر کتابی، دری را به روی ذهن شما باز می‌کند و زندگی جدیدی را با آن آغاز می‌کنید.

✓ اگر علاقه‌مند به دانستن بیشتر در مورد آنچه من به عنوان یک «مربی تحول‌آفرین» انجام می‌دهم هستید، خواندن این کتاب را به شما توصیه می‌کنم.

✓ اگر مایلید در مورد روش «کوچینگ تحول‌آفرین» بیشتر بداند، خواندن این کتاب گزینه مناسبی برای شماست.

✓ با مطالعه این کتاب درمی‌یابید که من چگونه به شما کمک می‌کنم به صورت عمیق و اساسی با تغییر دادن آگاهانه افکار و عادت‌هایتان، زندگی ایدئال خود را از نو طراحی کنید.

✓ این کتاب برای کسانی است که می‌خواهند در زندگی شخصی، شغلی، روابط اجتماعی و خانوادگی خود، و در هر کاری که به آن دست می‌زنند، شادی و موفقیت را تجربه کنند.

✓ این کتاب برای کسانی است که می‌خواهند خود و جهانشان را زیباتر کنند.

✓ اگر می‌خواهید یک تغییر اساسی در زندگی خودتان بدهید، این کتاب را بخوانید.

✓ اگر دوست دارید خودتان و زندگی‌تان را با سلیقه خود از نو طراحی و دیزاین کنید، پس این کتاب را بخوانید.

✓ اگر می‌خواهید دنیای خودتان و اطرافتان را تغییر دهید، توصیه می‌کنم حتماً این کتاب را بخوانید.

✓ این کتاب برای علاقه‌مندان به مباحث: خودشناسی، توسعه فردی و هنر زندگی کردن بسیار مفید است.

به نظر من، برنامه تحول و دگرگونی در زندگی هر شخصی باید به عنوان اولویت قرار گیرد. همچنین برای موفقیت در هر شغل و بیزینسی باید این برنامه، اولین سرفصل بیزینس پلن باشد. چه خوب می‌شد افراد پیش از ازدواج این برنامه را به صورت یک دوره کوتاه آموزشی می‌گذراندند تا قبل از اینکه منتظر باشند دیگری آن‌ها را خوشبخت کند، خودشان شاد و خوشبخت شوند و حضور فرد دیگری تنها این نیکبختی را افزون‌تر سازد! اگر درسی به نام هنر زندگی، از روز اول مدرسه جزء یکی از دروس آموزشی همه مدارس دنیا بود، اکنون ما آدم‌های خوشبخت‌تر، شادتر و موفق‌تری داشتیم.

با وجود اطلاعات خوب و فراوانی که در این کتاب گردآوری کرده‌ام، این کتاب تنها فانوس کوچکی در مسیر و راه زندگی شماست. به شما پیشنهاد می‌کنم علاوه‌بر مطالعه آن، سعی کنید برای شناخت ماهیت خود و جهانتان اطلاعات بیشتری کسب کنید و حتی فراتر از این کتاب بروید.

همیشه در مسیر عشق و نور و آگاهی قدم بردارید و به سفر خود ادامه دهید.

❋ کمی با من آشنا شوید!

منیعی هستم، شهلا منیعی

در حال حاضر، کوچ تحول‌آفرین زیبایی هستم.

چرا در حال حاضر؟ چون انسان‌ها در سنین مختلف تغییر می‌کنند. ممکن است شما آنچه را که در بیست سالگی دوست داشتید، با آنچه در سی سالگی، چهل سالگی یا شصت سالگی دوست دارید، کاملاً متفاوت باشد.

اکثر ما انسان‌ها فکر می‌کنیم انتخاب شغل و حرفه یک مسئله برای تمام عمر ماست. البته می‌تواند همین طور باشد، و یا ممکن است اصلاً این‌طوری نباشد. در واقع، این یک انتخاب است!

یک روزی فکر می‌کردم عاشق رشته هنر و کارهای هنری هستم. از آنجایی که در یک خانواده ایرانی به دنیا آمدم و برای ایرانی‌ها مدرک تحصیلی مترادف بود با دکتر و مهندس و وکیل شدن، هنر در میان رشته‌ها جایگاهی نداشت. این داستان در خانواده‌های شرقی، داستان بسیار آشنایی است! درسته؟

به قول پدرم: «می‌خواهی در زنده بودن پول‌دار بشی یا وقتی که مُردی؟!» چون بیشتر هنرمندان وقتی که می‌میرند، کارهایشان ارزشمند می‌شود و خودشان معروف می‌شوند. «خُب شهلا خانم، شما زندگی خوب و پول را چه زمانی دوست داری داشته باشی؟!» تازه پای آبروی خانوادگی هم در میان بود! خُب جواب مشخص بود. پس معلوم شد که رشته هنر نمی‌روم!

اصلاً یادم نمی‌آید چه شد که رشته تجارت و مدیریت را انتخاب کردم! (شاید به صورت تصادفی) بعد از فارغ‌التحصیل شدنم از دانشگاه

آمستردام، مدتی زیادی نگذشت که دیدم علاقه چندانی به این رشته ندارم. خیلی زود سرگرمی بزرگ من که چند سالی بود به آن مشغول بودم، جای آن را گرفت و دوباره وارد دوره تحصیلاتی جدیدی شدم.

این بار به عنوان متخصص پوست و زیبایی که برای یک خانم رشته جذابی به حساب می‌آمد. خیلی زود با پیش‌زمینه‌ای که در رشته تجارت و مدیریت داشتم، تصمیم گرفتم بیزینس خودم را در زمینه پوست و زیبایی راه‌اندازی کنم و خوشبختانه همین باعث موفقیتم در این شغل گردید.

اما همیشه زندگی، ما را پیشاپیش برای قدم‌های بعدی آماده می‌کند. من هم که عاشق یادگیری و آموزش دیدن بودم، این بار همزمان با کارم برای رشد شخصی خودم به تحصیل در زمینه توسعه فردی، عرفان و متافیزیک پرداختم و از آکادمی کوچینگ و آکادمی متافیزیک هلند فارغ‌التحصیل شدم.

در تمام مراحل زندگی‌ام همیشه دانشجو و مشغول آموختن بودم و حداقل هفته‌ای یکی دو روز در کلاس‌های مختلف شرکت می‌کردم. یادش به خیر! مادرم همیشه می‌گفت: «آخه تو کی درس خوندنت تموم میشه؟!» و من با خنده می‌گفتم: «مگه نمیگن ز گهواره تا گور دانش بجوی!» او با خنده می‌گفت: «پس کی میخوای زندگی کنی؟!» و من می‌گفتم: «خُب یادگیری زندگی منه دیگه ...» آن وقت، خنده شیرین و رضایتمندی را در چشمان زیبایش می‌دیدم!

در آن زمان اصلاً به این زمینه به عنوان یک کار نگاه نمی‌کردم و فقط علاقه و اشتیاقم نسبت به یادگیری مرا به عوالم تازه‌ای کشانده بود. از خودشناسی به عرفان‌ها و اندیشه‌های فلسفی شرقی از جمله عرفان

هند، چین، ژاپن و ایران؛ از عرفان به مایندفولنس و مدیتیشن؛ و از آنجا به دنیای اسرارآمیز و پیچیده انسان‌شناسی!

خواندن کتاب‌های بی‌شمار، انجام تحقیقات بسیار، گذراندن دوره‌های آموزشی متعدد، و شاگردی استادان بزرگی که به‌خاطرشان اکثر اوقات باید سفرهای مختلفی می‌کردم، سال‌های زیادی از زندگی‌ام را در بر گرفت که به جرئت می‌توانم بگویم بخشی از بهترین سال‌های عمر من بود. زیرا شور و شعف من برای یادگیری در این اقیانوس بی‌انتها، پایانی نداشت. اما اکنون دیگر زمانش رسیده بود و احساس می‌کردم کاری را که با اشتیاق آغاز کرده بودم، شعله‌های آن رو به خاموشی است و دیگر مداوای بیماران پوستی، **فقط شغلم بود نه شوقم!** احساسم به من می‌گفت: **اکنون وقت تغییر است!**

اما این بار نیز کائنات برنامه‌ریزی دیگری برای من طراحی کرده بود که پس از چند سال، حاضر و آماده پیشاپیش جلوی سرنوشت من ایستاد و خودش را به‌موقع در زمان و موعد معین نشان داد! بله، بار دیگر در نقطه‌ای از زندگی وقت تغییر بود. پایان هر چیز در زندگی، سرآغاز چیز دیگری است و من آماده این تبدیل بودم! این بار وقتش رسیده بود که تمام دارایی‌هایم را در ظرفی بریزم و با هم زدن آن‌ها و استفاده از کیمیاگری جهان هستی، چیز دیگری خلق کنم که شاید در این نقطه از زندگی، رسالت من باشد!

نه، نه! منظورم آن زیبایی‌ای نیست که الان در ذهنتان شکل گرفت. بگذارید کمی بیشتر آن را برایتان توضیح دهم. منظورم از «کوچینگ تحول‌آفرین زیبایی» کمک به انسان‌هایی است که می‌خواهند به نسخه

جدیدی از خودشان تبدیل شوند. افرادی که دوست دارند تبدیل به انسان زیباتر دیگری شوند و دنیای زیبایی را بیافرینند!

> و این گونه بود که کوچینگی به نام «کوچینگ تحول‌آفرین زیبایی» متولد شد.

این بار نه تنها علم و دانش، بلکه تجربیات شخصی سراسر زندگی‌ام را به یاد آوردم. من هم روزی از یک جایی در زندگی خودم با همین تکنیک‌ها، بدون اینکه حتی اسم آن‌ها را به صورت علمی بدانم، خودم را از نو خلق کردم و به انسان دیگری تبدیل شدم. اینجا بود که معجزه زیبای خالق در زندگی من صورت گرفت! فقط یک سؤال برایم پیش آمد: آیا دیگران هم می‌توانند؟! و این پاسخ که:

> اگر من توانستم، پس همه انسان‌ها و همنوعان من نیز می‌توانند!

کوچینگ تحول‌آفرین زیبایی

«شما چی هستید؟» آیا تا حالا شده این سؤال برایتان پیش بیاید که شما چی هستید؟ کی هستید؟ و اینجا چه کار می‌کنید؟

اگر این‌طوری هست، پس نگران نباشید! این اصلاً عجیب نیست و شما هم مثل تمام انسان‌های روی کره زمین هستید. در واقع انسان به صورت یک پکیج است. مجموعه‌ای شامل: چیزهایی که فکر می‌کند؛ رفتارهایی که انجام می‌دهد؛ حرف‌هایی که می‌زند؛ چیزهایی که می‌خورد؛ و اثراتی که از خود به جا می‌گذارد. همه این‌ها، انسانی به نام شما را می‌سازند.

پس آگاهی از این پکیج برای ما بسیار ضروری است. درست مثل خودرویی که می‌خرید و مثلاً اگر ندانید چه نوع سوختی باید در آن بریزید، چه آپشن‌هایی دارد و چگونه باید از آن‌ها استفاده کنید، نمی‌توانید با آن کار کنید. برای همین، هر وسیله‌ای را که می‌خرید، اول دفترچه طرز استفاده از آن را می‌خوانید. درست است؟

اگر خودتان را نشناسید، شما در فقر زندگی می‌کنید و در واقع، این فقر «شما» هستید. برای انسان زیبای دیگر شدن اول از همه، نیاز به شناخت خود داریم. شناختِ ذهن، روح، جسم و رفتار. حالا می‌دانیم که چه چیزهای را باید زیباتر کنیم. وقتی بدانیم ما چه هستیم و از چه چیزهایی تشکیل شده‌ایم، بخشی از مسیر را پیموده‌ایم. اگر بدانیم در جهان هستی همه چیز طبق مجموعه‌ای از قوانین پیش می‌رود، می‌توانیم با پیدا کردن آن قوانین و همسو شدن با آن‌ها بهتر جلو برویم.

ما در واقع از کودکی باید در مدرسه بخشی به نام «مدرسه زندگی» می‌داشتیم که در آن همه راه و روش‌ها و سبک زندگی را به ما یاد

می‌دادند تا بتوانیم در تمام مراحل زندگی به عنوان یک انسان، زندگی شاد، موفق و پر از آرامشی را تجربه کنیم.

آکادمی خرد زندگی

وقت خودت را به دنبال پروانه‌ها تلف نکن!
باغ خود را زیبا بساز، پروانه‌ها خودشان می‌آیند.

در ادامه بر آن شدم که «آکادمی خرد زندگی» را بنا کنم تا بتوانیم در آن برای افراد در هر سن و سالی که هستند، به صورت خصوصی یا گروهی آموزش‌هایی برای انسان زیبای دیگر شدن داشته باشیم.

✓ آکادمی خرد زندگی شامل درس‌هایی می‌شود که در واقع باید آن‌ها را در مدرسه یاد می‌گرفتیم.

✓ آکادمی خرد زندگی به شما قوانین علمی زندگی کردن را به زبان بسیار ساده امروزی می‌آموزد.

✓ آکادمی خرد زندگی به شما کمک می‌کند رسالت خود را در زندگی دریابید.

✓ آکادمی خرد زندگی به شما سبک زندگی سالم را می‌آموزد.

✓ آکادمی خرد زندگی به شما رازهای زندگی را یاد می‌دهد.

✓ آکادمی خرد زندگی به شما کمک می‌کند تا انسان موفق‌تر، شادتر و سالم‌تری باشید.

✓ در آکادمی خرد زندگی شما جواب سؤالات خود را درباره زندگی پیدا می‌کنید.

✓ در آکادمی خرد زندگی شما با خودتان ملاقات می‌کنید و بار دیگر عاشق خودتان و زندگی‌تان می‌شوید.

✓ در آکادمی خرد زندگی شما با سیستم کاربردی خود به‌عنوان یک انسان ساکن سیاره زمین بهتر آشنا می‌شوید.

✓ در آکادمی خرد زندگی شما یاد می‌گیرید ذهن خود را بهتر کنترل و مدیریت کنید.

✓ در آکادمی خرد زندگی شما متوجه تأثیر باورهایتان می‌شوید و می‌آموزید چطور با تغییر دادن آن‌ها، زندگی‌تان را دگرگون کنید.

✓ و در نهایت، شما یاد می‌گیرید زندگی را زندگی کنید!

❊ آیا آماده هستی؟

پیش از شروع هر چیزی سؤال مهمی از شما می‌پرسم: آیا آماده یک تغییر بزرگ و اساسی در زندگی خودتان هستید؟

پاسخ محکم به این سؤال، زندگی شما را تغییر می‌دهد. واقعاً این سؤال را از خودتان بکنید و اگر آماده هستید، یک «بله محکم» به خودتان بدهید و آن را اینجا بنویسید:

بله .... هستم.

شاید با خودتان بگویید: «خُب می‌دونم تغییر کار ساده‌ای نیست، اما همیشه و همیشه امکان‌پذیره!»

اگر این‌طور فکر می‌کنید، این خوب است و به شما تبریك می‌گویم!

اما معمولاً یک چیز جلوی ما را می‌گیرد و به‌شدت در مقابل این تغییرات ایستادگی می‌کند: الگوهای ذهنی کهنه ما. پس به قول معروف: «کمربندتان را محکم ببندید و آماده روبه‌رو شدن با مقاومت‌ها و جنگ‌های داخلی با خود باشید.»

اگر می‌خواهید اوضاع زندگی خودتان را تغییر بدهید، باید خودتان را تغییر دهید و این تنها راه است. همه چیز از خودتان آغاز می‌شود. برای تغییرات نیازمند بیرون آمدن از دایره امن خود، شکستن عادت‌های گذشته، و رعایت انضباط ذهنی هستیم و این اصلاً کارِ راحتی نیست. ولی ادامه دهید و به نتیجه و دستاورد زیبای آن فکر کنید!

خُب حالا وقتش است که الگوهای دلخواهتان را درون دفترچه‌ای زیبا با تاریخ امروز ثبت کنید. بدانید و با تمام وجود احساس کنید که این یک انتخاب آگاهانه است! اکنون جهت زاویه دید خودمان را به سوی دنیای زیباتری تغییر می‌دهیم. اولین قدم، تغییر افکار و کلام ما نسبت به خودمان است. درسته، اول با خودت! استارت موتور تغییر، از تصور ذهنی ما نسبت به خودمان آغاز می‌شود، زیرا تمام کارها و رفتارهای

ما اول از همه در پیرامون خودمان صورت می‌گیرد. پس آماده یک خانه‌تکانی مفصل باشید!

یادت باشد!

از امروز، هر روز صبح که از خواب بیدار می‌شوی، در آینه نگاه کن!

آن کسی را که می‌بینی، تنها کسی است که آینده‌ات را برایت می‌سازد.

او را خوب به خاطر بسپار!

او، تنها خودت هستي: این منِ دوست‌داشتنی، یار همیشگی و وفادَار تو!

«**بیرون ز تو نیست هر چه در عالم هست**
از خود بطلب هر آنچه خواهی که تویی
(حضرت مولانا)»

گفتگو در خلوت

در اینجا چند سؤال مهم از شما دارم. یادتان نرود! پیش از مطالعه ادامه کتاب، پاسخ آن‌ها را یادداشت کنید.

۱. مایل هستید در پایان این کتاب به چه چیزی دست پیدا کنید؟

....

....

....

....

۲. هم‌اکنون در زندگی به دنبال چه چیزی هستید؟

....

....

....

....

۳. آیا آماده تغییرکردن هستید؟

....

....

....

....

فصل اول: کوچینگ چیست؟

کوچ کیست و کوچینگ چیست؟

به زبان بسیار بسیار ساده، کوچ (Coach) همان مشاور یا راهنماست که با دانش و آگاهی خود، شما را برای رسیدن به هدفتان همراهی و راهنمایی می‌کند. به این فرایند کوچینگ (Coaching) گفته می‌شود.

در هر مسیر و راهی که حرکت می‌کنید، یک بلدِ راه مسیر را برای شما دلچسب‌تر و آسان‌تر می‌کند.

حتماً تاکنون در کتاب‌ها، مقالات و صفحات اینترنتی مختلف راجع‌به اینکه کوچینگ چیست و یک کوچ کیست، مطالبی خوانده‌اید. شاید هم خودتان یکی از کوچ‌های خوب و در حال کمک و راهنمایی دیگران هستید! با این حال اجازه دهید توضیح بسیار کوتاهی برای کسانی بدهم که احتمالاً اولین بار است که این واژه‌ها را می‌شنوند.

کوچینگ علم جدیدی برای داشتن زندگی زیباتر، دوست‌داشتنی‌تر و موفق‌تر است. بله، این نسبتاً یکی از جدیدترین روش‌های حل مسئله و رسیدن به موفقیت است که بسیاری از افراد موفق و مشهور از آن بهره می‌برند.

کوچینگ فرآیندی است که در آن کوچ، مربی یا راهنما به فرد کمک می‌کند تا با بهره‌گیری از توانمندی‌هایش در زندگی فردی، خانوادگی، شغلی و اجتماعی خود کارکرد بهتری داشته باشد. کوچینگ در تمامی جنبه‌های زندگی از جمله توسعه فردی، سلامت جسمی و روحی، موفقیت حرفه‌ای و روابط فردی به ما کمک می‌کند.

در کوچینگ به‌جای پرداختن به مشکل و علت، تمرکز ما به راه‌حل، تعیین اهداف و ایجاد مسیری به سمت موفقیت است. پس «کوچ» کسی است که با شناخت شرایط کنونی که فرد در آن است، همراه با او راهکارهای مناسبی برای حل مسائلش می‌یابد و با ارائه آن‌ها به پیشبرد اهداف، بهبود کیفیت زندگی و سلامت روان فرد کمک می‌کند. به فرایندی که میان کوچ و مراجعه‌کننده جریان دارد، «کوچینگ» می‌گوییم.

چه کسانی از کوچ یا مشاور کمک می‌گیرند؟

- ✓ کسانی که به دنبال تغییر در زندگی خود هستند
- ✓ کسانی که می‌خواهند سریع‌تر و مطمئن‌تر به اهداف خود برسند
- ✓ کسانی که می‌خواهند در مسیر زندگی و کاری خود شادتر و موفق‌تر باشند
- ✓ کسانی که می‌خواهند در وقت و زمان خود صرفه‌جویی کنند
- ✓ کسانی که نمی‌خواهند از روش سعی و خطا استفاده کنند

ویژگی‌های یک کوچ یا مشاور حرفه‌ای

یک کوچ حرفه‌ای برای داشتن یک ارتباط خوب و مؤثر باید دارای ویژگی‌های زیر باشد:

۱. اولین و یکی از مهم‌ترین ویژگی این است که خود کوچ آدم موفقی باشد. در واقع خود کوچ و سبک زندگی‌اش باید الگو باشد. یعنی آنچه را که می‌خواهد به شما بیاموزد، اول خودش به دست آورده باشد.

۲. یک کوچ خوب، رازدار زندگی شماست و برای فرایند کوچینگ، احساس امنیت و اعتماد در مراجعه‌کننده خود ایجاد می‌کند.

۳. کوچ مانند آیینه‌ای به همه چیز بدون قضاوت نگاه می‌کند.

۴. کوچ برای هرگونه فکر، دیدگاه و در نهایت تصمیم مراجعه‌کننده خود احترام کامل قائل است.

۵. کوچ، دوست و همراه مراجعه‌کننده خود در پروژه رسیدن به اهدافش است.

۶. هدف یک کوچ خوب، رسیدن شما به اهدافتان و موفقیت است.

۷. یک کوچ روان‌شناس نیست که بخواهد مشکلات گذشته شما را حل کند.

۸. یک کوچ منتور نیست که بخواهد تجربیاتش را برای استفاده شما بیان کند.

۹. کوچ از ابزارهایش برای رسیدن شما به موفقیت کمک می‌گیرد.

۱۰. یک کوچ با روشن کردن مسیر، راه را به شما نشان می‌دهد تا خودتان به طرف آن حرکت کنید.

✦ کوچ یا مشاور خلاق

آیا یک کوچ می‌تواند متفاوت با آموزه‌های خود عمل کند؟

اگر نظر مرا بخواهید، بله حتماً، اصلاً چرا که نه؟!

همان طور که دیدید، تعاریف و ویژگی‌هایی بیان شد که همه جا درباره کوچینگ می‌گویند و البته کاملاً درست است. ولی شاید برای گرفتن نتیجه‌ای بهتر، سریع‌تر و عمیق‌تر بتوانیم کمی متفاوت عمل کنیم.

شخصیت من، تحول‌آفرین و خلاق است و به شناخت عمیق‌تر انسان‌ها بسیار علاقه‌مند هستم. برای همین پس از گذراندن دوره‌های آموزشی در شاخه‌های مختلف کوچینگ، به‌خصوص **«دوره کوچینگ تحول‌آفرین زندگی»** نگاه گسترده‌تری به این مقوله پیدا کردم، و در نتیجه کمی مرزهای آن را شکستم و سبک شخصی و متفاوتی از کوچینگ را ارائه دادم.

در واقع این نوع سبک کار برای رسیدن سریع‌تر افراد به هدف و تضمین موفقیت آن‌ها، تبدیل به امضای کاری من شد.

به نظر من یک کوچ باتجربه به مرور زمان در نهایت به جایی می‌رسد که اکثر اوقات از تجربیات خودش، یعنی منتورینگ؛ و ابزارهایش یعنی کوچینگ به صورت ناخودآگاه کمک می‌گیرد تا بتواند آسان‌ترین، سریع‌ترین و زیباترین راه را به شما نشان دهد.

بگذارید برایتان مثالی بزنم: زمانی که شما به یک کلاس آشپزی می‌روید، با انواع و اقسام مواد غذایی، ادویه‌جات و وسایل مانند: چاقوها، ماهیتابه‌ها و قابلمه‌های مختلف و طرز کار هر کدام آشنا می‌شوید. پس از اتمام دوره آموزشی، شما یک آشپز با مدرک هستید. خُب، حالا مدت

زمانی می‌گذرد و با غذاهایی که درست کرده‌اید، حتماً حرفه‌ای‌تر هم شده‌اید. حالا شما یک آشپز حرفه‌ای هستید!

خُب، حالا اگر شما آدم خلاقی باشید، با کلی ایده؛ رِسِپی (دستور تهیه)؛ مهارت‌هایی که فراگرفته‌اید؛ و اطلاعاتی که از مواد غذایی، خواص و مزه آن‌ها دارید، می‌توانید غذاهای متنوع و متفاوتی درست کنید که شما را از بقیه متمایز کنند. حتی می‌توانید یک شف یا سرآشپز معروف در سطح بین‌المللی شوید!

آیا به نظر شما این نمی‌تواند در هر کاری اتفاق بیفتد؟ البته که می‌تواند! فقط کافی‌ست عاشق کارتان باشید و با تمام وجودتان بخواهید تأثیر متفاوتی در جهان هستی بگذارید. آنگاه نه تنها خودتان انسان موفق‌تری خواهید بود، بلکه اثر زیبایی در محیط اطراف خود خواهید گذاشت.

اکنون بیایید سعی کنیم طور دیگری به مسئله نگاه کنیم. شاید اکثر شما به خاطر داشته باشید که در پایان دانشگاه باید تزی را ارائه می‌دادیم. اما تز چه بود و چرا باید تز می‌نوشتیم؟ در واقع تز یا پایان‌نامه: آموخته‌ها و تجربیات شخصی به اضافه نظرات، تحقیقات و تجزیه و تحلیل شما درباره دانشی است که آموخته‌اید. تز در مقطع کارشناسی ارشد و دکتری لزوماً موضوع جدیدی را هدف قرار می‌دهد و نتایج حاصل از پژوهش، باید ایده‌ای نوین یا ارائه راه‌حلی برای مسئله‌ای باشد که تاکنون حل نشده است.

در نتیجه:

من هم سعی کردم پس از پایان تحصیلات کوچینگم تزی تهیه کنم تا بتوانم به وسیله آن فرد را سریع‌تر و آسان‌تر به هدف و مقصد مورد نظرش برسانم. در ضمن دلم می‌خواست این تغییرات عمیق و دائمی

باشد تا فرد به شکلی تغییر کند که بتواند هنگام مواجهه با مسائل و مشکلات مختلف خودش به‌راحتی از پسشان بربیاید و آن‌ها را حل کند. دقیقاً مثل اینکه یک بار به کسی شنا کردن را یاد بدهید و او دیگر برای همیشه بتواند شنا کند.

این نوع نگاه، در نهایت منجر به نوشتن این کتاب شد. کتابی که دقیقاً رساله یا تز من در رشته کوچینگ است و نتیجه آن همراه با رسالت شخصی‌ام در جهان هستی، منجر به جهشی متفاوت در زمینه کوچینگ، و حرکت به سوی منتورینگ می‌شود.

﷽ کوچینگ تحول‌آفرین چیست؟

کوچینگ تحول‌آفرین، در واقع سبکی از کوچینگ است که رشد و تغییر را در سطحی عمیق‌تر و با اثری طولانی‌تر در زندگی نسبت به سایر اشکال کوچینگ تسهیل می‌کند. در این سبک، از بهترین مدل‌های مختلف کوچینگ استفاده می‌شود تا شکلی متفاوت از کوچینگ را مناسب برای طیف وسیعی از اهداف ایجاد کند. در نتیجه این نوع کوچینگ در رقابت با سایر اشکال مربی‌گری نیست، بلکه در آن از بهترین روش‌ها و تکنیک‌های انواع کوچینگ استفاده می‌شود.

﷽ منتور کیست و منتورینگ چیست؟

منظور از منتورینگ (Mentoring) این است که فردی تحت عنوان منتور(Mentor) به فرد یا افراد دیگری در زمینه خاصی کمک می‌کند تا به پیشرفت یا مهارتی دست یابند. در واقع منتور، مشاور و الگویی قابل اعتماد است که با توجه به دانش و تجربه خود، با ارائه پیشنهاد و راهکار

و با تشویق و پشتیبانی مراجعه‌کننده به بهبود مهارت‌ها و پیشرفت زندگی یا کاری او کمك می‌کند.

در سال ۲۰۰٤ **دیوید کلاتربوک** که به صورت آکادمیک در زمینه روابط منتورینگ مطالعه می‌کرد، برای آنچه منتورها انجام می‌دهند کلمه‌ای را ابداع نمود که مخفف منتور است:

M: مدیریت

E: تشویق کردن

N: تغذیه

T: آموزش

O: احترام متقابل

R: پاسخ دادن به نیازهای یادگیرنده

برخی از ویژگی‌های مهم منتور

منتور علاوه‌بر ویژگی‌های فوق که در مورد کوچینگ گفته شد، چند ویژگی دیگر نیز باید داشته باشد:

✓ اعتبار شخصی و حرفه‌ای (کاری) داشته باشد

✓ فرد را در مسیر درست هدایت کند

✓ برای شخص شما مناسب باشد

✓ دید همه‌جانبه داشته باشد

✓ الگو و الهام‌بخش باشد

✓ صادق باشد

✓ اشتباهات را گوشزد کند

✓ یک شنونده عالی و دقیق باشد

✓ مسیر و مقصد را به تصویر بکشد

✓ راهنما و مشوق شخص در طول مسیر باشد

✓ با به چالش کشیدن فرد به افزایش انگیزه او کمک کند

تفاوت کوچینگ و منتورینگ

در واقع کوچینگ و منتورینگ در بسیاری موارد به هم شبیه هستند. هر دو فرصتی را ایجاد می‌کنند که مراجعه‌کننده در کار، زندگی یا هر زمینه دیگری پیشرفت کند و به موفقیت برسد. ولی تفاوت‌هایی نیز با هم دارند.

رابطه منتور با مراجعه‌کننده کمی طولانی‌تر از کوچ است. یک منتور معمولاً چند مسیر به شما معرفی می‌کند و یک کوچ شما را برای پیدا کردن مسیر راهنمایی می‌کند. منتور اجازه دادن راهکار را دارد. اما کوچ

پیدا کردن راهکار را بر عهده خودتان می‌گذارد و سعی می‌کند شما با سؤالات راه خود را پیدا کنید.

به هر ترتیب، هر دو از طریق خودشان به رشد و پیشرفت شما کمک می‌کنند و شما نسبت به خصوصیات اخلاقی و سلیقه خودتان می‌توانید بین کوچ یا منتور، یکی را انتخاب کنید.

اکنون با این اطلاعات، برویم ببینیم کوچینگ تحول‌آفرین زیبایی چیست؟ و چگونه از طریق این کتاب می‌توانیم به خودمان کمک کنیم؟ پس در ادامه این کتاب همراه من باشید!

گفتگو در خلوت

اکنون در پایان این فصل نوبت به سؤالات من و پاسخ‌های شما رسیده است. لطفاً پاسخ‌ها را در کتاب یا دفتر یادداشت خود بنویسید.

۱. آیا تا به حال به یک کوچ مراجعه کرده‌اید؟

....

....

۲. آیا دوست دارید با یک کوچ گفتگو و مشاوره داشته باشید؟

....

....

۳. بیشـتر دوست دارید برای حل یک مشـکل به کوچ مراجعـه کنیـد، یا بـرای بهتر شـدن رونـد رشـد فـردی، یا پیشـرفت در کارتان؟

....

....

۴. آیا تا به حال احسـاس نیـاز به داشـتن کوچ یا مشـاور را بـرای راهنمایی گرفتـن تجربـه کرده‌اید؟

....

....

۵. اگر همین الان به مشـاور خوبی دسترسـی داشـته باشـید، دوست دارید راجع‌به چه موضوعی از او راهنمایی بگیرید؟

....

....

۶. اگر یک کوچ داشتید، پیشرفتتان در مسیر چگونه بود؟

....

....

۷. چطور و از کجا یک کوچ مناسب برای خودتان پیدا می‌کنید؟

....

....

۸. انتظارات شما از یک کوچ چیست؟

....

....

....

....

فصل دوم: کوچینگ تحول آفرین زیبایی

❋ کوچینگ تحول‌آفرین زیبایی چیست؟

انواع و اقسام، نام‌ها و کاربردهای مختلفی از کوچینگ وجود دارد. اما در واقع، این قسم کوچینگ با نام «کوچینگ تحول‌آفرین زیبایی» یا «کوچینگ تحول‌آفرین انسان زیبا» با این معنا تقریباً تا جایی‌که من تحقیق کردم، برای اولین بار مطرح می‌شود و من آن را به طور خلاصه «کوچینگ زیبایی» نامیده‌ام.

☑ کوچینگی برای داشتن ذهن زیبا، روح زیبا، جسم زیبا و رفتار زیبا

تقریباً برای هریک از موارد بالا، کوچ و کوچینگ جداگانه ای وجود دارد. ولی برای انسان زیباتر شدن، نیاز به مجموعه موارد بالا داریم. زیرا آن‌ها در کنار هم، باعث کامل شدن یک انسان و تبدیل شدن او به انسان زیباتر دیگری می‌شود. به همین دلیل، این کوچینگ را «کوچینگ تحول‌آفرین زیبایی» نامیده‌ام که ابعاد مختلف زیبایی را در انسان بررسی می‌کند. فرایند تبدیل به انسان زیباتر از طریق آگاهی و آموختن پیش می‌رود و به فرد کمک می‌کند از جهات مختلف متحول و در نتیجه زیباتر شود.

۴۷

در واقع چنین دانشی را که برای داشتن زندگی بهتر و انسان زیباتر شدن ضروری است، ما می‌بایست از دوران کودکی و در مدرسه فرا می‌گرفتیم. اگر به آموخته‌های مدرسه و دانشگاه خود نگاه کنیم، می‌بینیم ما در این مقاطع تقریباً همه چیز یاد می‌گیریم به جز هنر زندگی کردن! چیزی که دقیقاً در سراسر زندگی و در هر شغل، جایگاه و سن و سالی به آن نیاز داریم.

ما فقط به دنیا نیامده‌ایم که بخوریم، بخوابیم، کار کنیم، ازدواج کنیم و بعدش بمیریم. هدف از آفریده شدن ما این نیست، بلکه نیاز داریم بدانیم هدف از زندگی کردن چیست و ما چرا روزی پا به سیاره زمین گذاشته‌ایم؟ رسالت ما در این دنیا چیست و چه کارهایی باید انجام دهیم؟ ما نیاز داریم بدانیم چگونه می‌توانیم انسان خوشحال و شادی باشیم؟

جهان هستی دارای مجموعه‌ای از قوانین است. برای اینکه بتوانیم با جهان هستی یکی شویم، باید انسان زیبایی گردیم. در این صورت مثل درختان، پرندگان و طبیعت به‌راحتی جاری می‌شویم. وقتی انسان زیبایی شدیم، ارتعاش ما تغییر می‌کند و در فرکانسی قرار می‌گیریم که چیزهای هم‌فرکانس خود را جذب می‌کنیم. آن‌ها چیزهای زیبایی در سطح خود ما هستند.

در این بُعد، ما درباره تحول کامل یک انسان و ارتباط طبیعی موجود بین زیبایی درونی و بیرونی او صحبت می‌کنیم. چون زیبایی انسان، در واقع یک نوع دارایی است. بیایید ببینیم این دارایی از چه چیزهایی تشکیل شده است و افراد حقیقتاً زیبا چه ویژگی‌هایی دارند؟

✓ آن‌ها شخصیت زیبایی دارند. زیرا خودشان هستند و با حضور آگاهانه و پُر رنگ خویش در جمع به روشنی می‌درخشند.

✓ آن‌ها ذهن زیبایی دارند. زیرا مثبت می‌اندیشند و مهربانی را پرورش و گسترش دهند.

✓ آن‌ها چشمان زیبایی دارند، زیرا شما را شفاف، و بدون قضاوت و انتقاد می‌بینند.

✓ آن‌ها قلب زیبایی دارند، زیرا نسبت به خود و دیگران دلسوز و بامحبت هستند.

✓ آن‌ها چهره زیبایی دارند، زیرا اغلب لبخند می‌زنند و خنده‌شان محیط را زنده و روشن می‌کند.

✓ آن‌ها روح زیبایی دارند، زیرا انرژی آن‌ها ملایم است و حضورشان تأثیر مثبتی بر دنیای اطراف می‌گذارد.

> «زیباترین چیزهای جهان را نمی‌توان دید یا لمس کرد، بلکه می‌توان آن‌ها را با قلب احساس کرد!»
> (آنتوان دو سنت اگزوپری)

به نظر می‌رسد یک تصور غلط یا افسانه رایج در مورد زیبایی درونی وجود دارد. اعتقاد به مفهوم «زیبایی درونی» به این معنی نیست که «زیبایی بیرونی» هیچ اهمیتی ندارد! بنابراین نباید پرداختن به زیبایی بیرونی را سطحی، بیهوده یا باعث اتلاف وقت تلقی کرد.

البته بسیاری از ما به طور غریزی موافق هستیم که زیبایی درونی احتمالاً بالاتر از سلسله مراتب ارزش‌های اکثریت مردم است. از این گذشته، اگر «ذهنیت زشت» دارید، زیبایی ظاهری اهمیت چندانی ندارد! اما حقیقت این است که هم ظاهر بیرونی و هم تصویر درونی‌مان از خودمان، بر احساس ما در مورد «تصویر خود» تأثیر می‌گذارند، و بنابراین هر دو مهم هستند.

همه می‌گویند: زیبایی بیرونی محو می‌شود، اما زیبایی درونی همیشگی است و یک عمر باقی می‌ماند. ولی باید گفت هر دو در حال تغییر هستند. همه چیز در جهان هستی لحظه به لحظه در حال تغییر است؛ و شما زشتی و زیبایی این تغییر را با نوع نگاه خود تعیین می‌کنید.

همه ما در اثر ابتلا به بیماری یا زمان‌هایی که دچار استرس می‌شویم، تأثیرات آن‌ها را بر ظاهر فیزیکی‌مان می‌بینیم. همچنین ممکن است حس ناامنی و ترس‌های مادام‌العمری در مورد ظاهرمان داشته باشیم. در هر صورت، احساس یک فرد نسبت به ظاهر خود هرگز نباید بی‌اهمیت جلوه داده شود یا آن را بی‌اهمیت تلقی کرد.

برای لحظه‌ای خودتان را جای زنی بگذارید که شیمی درمانی می‌کند و موهایش می‌ریزد. تحقیقات نشان داده است که اکثر زنان، ریزش مو را یکی از سخت‌ترین بخش‌های درمان سرطان می‌دانند. شاید به این دلیل که ظاهر ما ارتباط نزدیکی با احساس عزت نفس ما دارد. بنابراین تلاش

برای پذیرش تغییرات ناگهانی در ظاهر شما می‌تواند خودش آسیب‌زا باشد. اما به هر جهت زشتی و زیبایی هر چیزی، یک امر نسبی است.

نقش کوچ تحول‌آفرین زیبایی

کوچ تحول‌آفرین زیبایی، رازها و قوانین زندگی و جهان هستی را برای انسان زیباتر شدن به شما آموزش می‌دهد و در این مسیر زیبا، همراهی‌تان می‌کند. وقتی شما تبدیل به انسان زیبا و جذابی شوید، در مداری قرار می‌گیرید که ناخودآگاه خوبی‌ها، موفقیت‌ها و شادی‌ها را جذب می‌کنید.

- ✓ کوچ تحول‌آفرین زیبایی به شما کمک می‌کند در هر مسیری که هستید، انسانی شاد و موفق و در آرامش باشید.
- ✓ کوچ تحول‌آفرین زیبایی به شما کمک می‌کند خودتان را بهتر بشناسید و با قدرت‌های درونی‌تان آشنا شوید.
- ✓ کوچ تحول‌آفرین زیبایی به شما کمک می‌کند خودتان را از نو بسازید و به بهترین نسخه خود تبدیل شوید.
- ✓ کوچ تحول‌آفرین زیبایی به شما کمك می‌کند عادت‌های غلط خود را به عادات‌های خوب تبدیل کنید تا دنیای شما را تغییر دهند.
- ✓ کوچ تحول‌آفرین زیبایی به شما کمك می‌کند سطح آگاهی‌تان را از خود و جهانی که در آن زندگی می‌کنید، بالا ببرید.
- ✓ کوچ تحول‌آفرین زیبایی به شما کمك می‌کند آگاهانه جهانی را که در آن زندگی می‌کنید، خلق کنید.
- ✓ کوچ تحول‌آفرین زیبایی به شما کمك می‌کند اهدافتان را مشخص کنید و به سمت آن‌ها حرکت نمایید.

✓ کوچ تحول‌آفرین زیبایی به شما کمک می‌کند کانال‌های تازه‌ای برای ایده‌های نو باز کنید.

✓ کوچ تحول‌آفرین زیبایی به شما کمک می‌کند روتین زندگی شاد و هدفمندی برای خودتان داشته باشید.

✓ کوچ تحول‌آفرین زیبایی به شما کمک می‌کند به خود و همه عالم عشق بورزید.

✓ کوچ تحول‌آفرین زیبایی به شما کمک می‌کند نسبت به خویشتن درک معنوی داشته باشید.

در واقع هدف کوچینگ تحول‌آفرین زیبایی این است که انسان با به‌کارگیری خرد و آموزه‌ها، و آگاهی از هدف واقعی زندگی بتواند خودش و سبک زندگی‌اش را تغییر و تحول دهد و تبدیل به انسان زیبای دیگری شود، و حتی در متحول شدن انسان‌های دیگر نیز نقش داشته باشد. در این مسیر زیبا شما دلیل زیبا بودنتان را می‌یابید و انگیزه و دید متفاوتی نسبت به زندگی پیدا خواهید کرد.

کوچ تحول‌آفرین زیبایی شما را در مسیر زیبای سبک زندگی جدیدتان همراهی می‌کند تا تصویر جدیدی را از زیبایی درونی و بیرونی‌تان در وجود خود ترسیم کنید؛ با خود واقعی‌تان ارتباط برقرار کنید و دوست شوید؛ بین زیبایی درونی و بیرونی خود پلی بزنید و روی این پل، دنیای زیبایی بسازید؛ و تحول و تبدیل شدن خودتان را به انسان زیبای دیگری جشن بگیرید.

می‌گویند هر انسانی دو بار متولد می‌شود: یک بار زمانی که از مادر زاده می‌شود، و بار دوم زمانی که خودش را پیدا می‌کند. تولدی دیگر و زادروز دوباره‌تان فرخنده و خجسته باد!

"
جایی درون همه ما، قدرت تغییر جهان وجود دارد.

(ماتیلدا)
"

گفتگو در خلوت

اکنـون که بـا خودتـان خلـوت کرده‌ایـد، قلـم و دفترتـان را برداریـد و جـواب سـؤال‌های زیـر را بـدون اینکه بخواهیـد زیـاد فکـر کنیـد، در آن بنویسـید.

۱. از نظر شما تحول چیست؟

....

....

....

۲. شما خودتان را چگونه می‌بینید؟

....

....

....

۳. شما دوست دارید چه تحولی در زندگی خود داشته باشید؟

....

....

....

۴. چه چیزهایی به نظر شما زیبا هستند؟

....

....

....

۵. تعریف شما از زندگی زیبا یا سبک زندگی زیبا چیست؟

....

....

....

۶. تعریف شما از یک انسان زیبا چیست؟

....

....

....

۷. آیا انسـان زیبایـی در اطراف خـود می‌بینید یا می‌شناسـید؟ نـام چند نفـر از آن‌هـا را بنویسـید.

(یادتان باشـد اول اسـم خودتـان را بنویسـید! ممکن اسـت بگوییـد چرا؟! چـون شـما کـه در حـال خوانـدن ایـن کتـاب هسـتید و بـرای رشـد و تحـول خودتـان وقـت می‌گذاریـد، حتمـاً انسـان زیبایـی هسـتید کـه می‌خواهیـد زیباتـر شـوید! موافقیـد؟)

....

....

....

فصل سوم: زیبایی

زیبایی چیست؟

وقتی صحبت از زیبایی می‌شود، بلافاصله اکثر ما به زیبایی ظاهری زنانه فکر می‌کنیم. درست گفتم؟ آیا همین طور نیست؟! اما زیبایی را می‌توان در هر چیزی یافت کرد و تعریف مطلقی ندارد.

> ای کاش عظمت در نگاه تو باشد، نه در آن چیزی که به آن می‌نگری! (آندره ژید)

زیبایی می‌تواند در هنر، موسیقی، سینما، یا یکی از ویژگی‌های انسان، حیوان، مکان و یا وسایل باشد و شاید بتوان آن را در کلام، افکار، یا حتی یک احساس و بسیاری چیزهای دیگر یافت. زیبایی از نظر هر شخص و در فرهنگ ملل مختلف بسیار متفاوت است و حتی معنای زیبایی در گذر زمان و تاریخ بسیار تغییر کرده است.

در واقع زیبایی یک امر نسبی است که به بسیاری از شرایط بستگی دارد، و از نظر هر شخص و فرهنگی متفاوت است. اما زیبایی‌شناسی در تمام دوران‌ها و جوامع گوناگون یک حس مشترک بین انسان‌ها با تعاریفی متفاوت بوده است. معیارهای زیبایی در زمان‌های قدیم توسط شاعران و فیلسوفان تعیین می‌شد و امروزه توسط رسانه‌های گروهی معین می‌شود.

زیبایی از نگاه من

اکثر افراد فکر می‌کنند زیبایی یک ویژگی ظاهری است و کسی که زیبا نیست، جذابیت ندارد. در حالی که آنچه باعث جذابیت شما می‌شود، فقط زیبایی ظاهری شما نیست. در واقع عوامل بسیاری مانند: افکار، شخصیت، رفتار، سخن گفتن، نحوه برخورد و برقراری ارتباط، و به طور کلی مجموعه‌ای از فاکتورهای متفاوت موجب جذابیت و زیبایی شما به عنوان یک انسان می‌شوند که تقریباً همه آن‌ها قابل یادگیری و رشد هستند.

پس مجموعه‌ای از مهارت‌ها در جسم، روح، رفتار، کلام و ذهن انسان او را جذاب و زیبا می‌سازند. در واقع گرچه زیبایی به عنوان یک مفهوم دیداری، بسیار اسرارآمیز و غیر قابل توصیف است، اما پیوند معناداری با روح شخص و تجربه ذهنی او دارد.

> ضرب‌المثلی هست که می‌گوید: «زیبایی در چشمانی است که می‌بینند!»

پس هیچ‌چیزی به خودی خود، نه زشت و نه زیباست! زیبایی در واقع درون ما شکل می‌گیرد و ما با نگاه و ادراکمان به آن شکل می‌دهیم. این حسی نیست که واحد مشخصی داشته باشد و بتوان آن را اندازه گرفت.

بگذارید برای شما یك خاطره کاری تعریف کنم! من سال‌ها به عنوان کارشناس پوست در زمینه پوست و زیبایی کار کردم. برخی از مراجعه‌کنندگان مشکلات و بیمارهای مختلف پوستی داشتند. این موضوع برای من جذابیت کمتری داشت و همچنان بخش جوان‌سازی و زیبایی برایم جذاب‌تر بود. با این حال به‌خاطر کنجکاوی و علاقه شخصی خودم و تحقیقاتی که انجام دادم، متوجه شدم اکثر بیماری‌های پوستی نیز ریشه در مسائل روحی، عصبی، فکری و حتی سبک زندگی افراد دارند.

برخی افراد نیز برای جوان‌سازی و زیبایی پوست مراجعه می‌کردند و ما باید برای آن‌ها برنامه‌ای طراحی می‌کردیم و کارهایی انجام می‌دادم تا آن‌ها علاوه‌بر جوان‌سازی، زیباتر هم به نظر برسند. ولی می‌دیدم اکثر افراد حتی پس از همه این تغییرات هنوز هم خوشحال و راضی نیستند. در صورتی‌که اکثریت آن‌ها حتی بدون انجام کارهای ما نیز انسان‌های بسیار زیبایی بودند!

در نهایت به این نتیجه رسیدم که بسیاری از مسائلی که مراجعه‌کننده به دنبال راه‌حل برای آن‌ها بودند و خوشبختی و خوشحالی خود را وابسته به آن‌ها می‌دانستند، ریشه‌ای درونی داشت. پس از تحقیقات بیشتر و عمیق‌تر شدن روی این موضوع، و همچنین گفتگو با بسیاری از این افراد متوجه شدم که رابطه مستقیمی بین افکار و باورها ذهنی آن‌ها و تصوراتشان از خودشان وجود دارد. یعنی تصویری که آن‌ها از خود داشتند، از باورهای ذهنی‌شان نشئت می‌گرفت.

بنابراین سعی کردم در برنامه تغییر آن‌ها پس از چند جلسه کوچینگ و مشاوره، طبق نیازشان برنامه‌های دیگری را نیز بگنجانم که باعث شود اعتماد به نفس و باورهای آن‌ها تغییر کند تا در نتیجه احساس بهتری نسبت به خود داشته باشند. این برنامه کامل برای افراد نتایج شگفت‌انگیزی به‌دنبال داشت و آن‌ها را به شکل عمیق‌تری: ظاهراً و باطناً به انسان‌هایی زیبا و شاد تبدیل می‌کرد. دیگر حس خوب آن‌ها صرفاً به عاملی بیرونی منوط نبود.

در ادامه فعالیت‌ها و تحقیقاتم، دروازه بسیار زیبایی به نام «انسان زیبا» جلوی چشمم باز شد تا بهتر بتوانم درک کنم انسان زیبا از چه چیزهایی تشکیل شده است؟ نتیجه کارم این شد که انسان زیبا ابعاد زیبای دیگری نیز دارد: ذهن زیبا، روح زیبا، جسم زیبا و رفتار زیبا. مجموعه همه این‌ها شما را انسان زیبای دیگری می‌کند. به طوری که توجه به تک‌تک این موضوعات برای تبدیل شدن به انسانی زیبا، اساسی و لازم است.

توجه به زیبایی هر کدام از این بعدها، به ما کمک می‌کند تا در مسیر زندگی خود انسان جذابی شویم؛ و انسان جذاب، زیبایی‌های زندگی و هر آنچه را که در جهان هستی زیباست، به سمت خود جذب می‌کند. داشتن آرامش، سلامت، موفقیت، ثروت، شادابی و عشق عناصری هستند که زندگی شما را زیباتر می‌کنند. در این کتاب تعریف، توضیح و چگونگی رسیدن به آن‌ها را توضیح خواهیم داد.

❋ انسان در جستجوی زیبایی

> زیباطلبی نوعی احساس است، به سادگیِ احساس گرسنگی! (سامرست موام)

چرا انسان‌ها به دنبال زیبایی هستند؟ در جایی جمله بسیار زیبایی دیدم که نوشته بود: «**توانا بود، هر که زیبا بود!**» شاید چون زیبایی حال ما را بهتر می‌کند! اما آیا به‌راستی چنین است؟ زیبایی، نوعی احساس درک و ستایش است که همه انسان‌ها و حتی حیوانات دارند. دیدن ستاره و ماه در شب؛ نگریستن به طلوع و غروب خورشید؛ تماشای امواج دریا؛ و نگاه به گل‌ها، همه و همه کمک می‌کنند انسان حس زیبایی را درک و تجربه کند. حس زیبایی حتی در مغز حیوانات نیز به نوعی وجود دارد، به‌خصوص هنگام انتخاب جفت مناسب خود. البته معیارهای زیبایی‌شناسی در حیوانات و حتی در هر نوع حیوان بسیار متفاوت است.

اما آیا به‌راستی چیزی که یک انسان را زیبا می‌کند، فقط زیبایی ظاهری، پوشش، آرایش و عمل‌های زیبایی است؟! این روزها از طریق رسانه‌های اجتماعی در سراسر دنیا به افراد الگوهای زیبایی القا می‌شود. اینکه اندام و ظاهر آن‌ها چگونه باید باشد تا زیبا محسوب شوند؟ در نتیجه افراد احساس می‌کنند اگر در این استانداردها جا نگیرند، از دنیا عقب مانده‌اند و در جامعه پذیرفته نخواهند شد.

درست است که ما باید به سلامت، بهداشت و زیبایی ظاهر خود توجه داشته باشیم. اما این موضوع نباید تحت‌تأثیر تبلیغات بیرونی یا مشکلات

درونی از قبیل: کمبود اعتماد به نفس یا اختلالات شخصیتی ما باشد. باید بدانیم همان اندازه که توجه و رسیدگی به ظاهر، ما را زیبا می‌کند و تغذیه درست، ورزش، شاد بودن و مراقبت از پوست و دندان‌ها برای سلامتی جسم و روح ما لازم است، به درون خود نیز باید بپردازیم.

شناخت بیشتر خود و توانایی‌هایتان، اعتماد به نفس، هدفمندی، مسئولیت‌پذیری، آگاهی، افکار خوب، رفتار خوب و موفقیت، همه و همه موجب زیباتر شدن شما می‌گردند. در نهایت باعث می‌شوند که شما انسان بانفوذ و قدرتمندی به نظر برسید و آنگاه به صورت معجزه‌آسایی همه درها به سوی شما گشوده خواهد شد: شما بدون آنکه بخواهید، به آهنربایی تبدیل می‌شوید که همه چیزهای خوب را به سوی خود جذب می‌کنید!

چرا زیبا شویم؟

اگر می‌خواهیم چیزهای زیبا را در زندگی خود جذب کنیم، باید خودمان زیبا شویم. زیرا هر چیزی شبیه و هم‌فرکانس خودش را جذب می‌کند؛ و هر آنچه بکارید، همان را درو می‌کنید. این یکی از قوانین زندگی است.

> اگر می‌خواهید جهان را درک کنید، در رابطه با انرژی، فرکانس و ارتعاش فکر کنید. (نیکولا تسلا)

فصل سوم: زیبایی

همه چیز در نوسان است. ارتعاش، نوعی حرکت نوسانی در سیستم‌های مکانیکی است. پدیده نوسان علاوه‌بر فیزیک و مکانیک، در رشته‌های دیگر مانند زیست‌شناسی و اقتصاد نیز دیده می‌شود.

از زمانی که خودم را می‌شناسم، دختر شاد و مثبت‌اندیشی بودم و برای آنچه داشتم، سپاسگزار بودم! به توسعه فردی و موفقیت علاقه داشتم. به مرور زمان کتاب‌های زیادی در این زمینه مطالعه کردم و در کلاس و سمینارهای متعددی شرکت نمودم. همین موضوع باعث موفقیت‌های چشمگیری در زندگی‌ام شد. من بدون اینکه خودم بدانم و بخواهم، داشتم قوانین را اجرا می‌کردم و نتیجه معجزه‌وار آن را می‌دیدم. بعدش هم آهسته‌آهسته به آدم‌های دیگر کمک کردم خوشحال باشند.

مثبت‌اندیشی به این معنا نیست که هیچ مشکلی وجود ندارد. بلکه به معنای پذیرش مشکلات است که ما به آن‌ها مسائل می‌گوییم. وقتی به «مشکل» بگوییم «مسئله»، به‌جای ناامید شدن، به‌دنبال راه‌حل برای آن می‌گردیم. زیرا در این صورت برای هر مسئله‌ای راه‌حلی وجود دارد. پس مثبت‌اندیشی پذیرش وجود مسئله و پیدا کردن راه‌حل برای آن است، نه انکار آن. قطعاً در هر مسئله و چالشی، درسی برای آموختن وجود دارد که ما را قوی‌تر می‌کند. ضمناً آنچه ما زمانی به عنوان مشکل، یا یک چیز بد و ناگوار تلقی می‌کنیم، شاید در طول زمان به نفع ما تمام شود.

> جمله‌ای هست که می‌گوید: «هر چیزی که ما را نکشد، قطعاً ما را قوی‌تر می‌کند.»

۶۳

قانون فرکانس‌ها و ارتعاشات

حال بیایید کمی درباره قانون فرکانس‌ها و ارتعاشات، و ارتباط آن‌ها با رسیدن به خواسته‌هایمان بیشتر بدانیم. همه چیز در اطراف ما از انرژی ساخته شده است و انرژی‌های هم‌جنس یکدیگر را جذب می‌کنند. آب، هوا، خاک، آتش، زمین، درختان، گیاهان، گل‌ها، رودخانه‌ها، دریاها، سنگ‌ها، فلزات، حیوانات و انسان‌ها همه و همه دارای انرژی و ارتعاش خاص خود هستند. تمام اندام‌ها و قلب ما نیز انرژی و ارتعاش دارد و ما این انرژی را به بیرون ساطع می‌کنیم. حتی غذایی که می‌خوریم، حاوی انرژی است.

> یک ضرب‌المثل قدیمی می‌گوید: «شما همان چیزی هستید که می‌خورید!»

فرکانس ارتعاشی غذا برای افزایش انرژی بدن شما در سطح سلولی استفاده می‌شود. سطح انرژی شما به معنای واقعی کلمه تحت تأثیر آنچه که می‌خورید قرار دارد. بنابراین مراقب انرژی‌های دریافتی باشید. زیرا امواجی که دریافت می‌کنید، شما را می‌سازند. در واقع ما در جهانی زندگی می‌کنیم که سراسر از انرژی تشکیل شده است.

آگاهی از قدرت انرژی و فرکانس‌ها

در مکانیک کوانتوم، مفهوم «موج مادی» یا «قانون دوبروی» بیانگر دوگانگی موج و ذره برای ماده است. این نظریه برای اولین بار توسط

لویی دوبروی در سال ۱۹۲۴ و در تز دکترایش مطرح شد. برای بیان این نظریه به زبان ساده‌تر می‌توان گفت: «یک ذره دائماً در حال ساطع کردن انرژی از خود است.»

حتی دستگاه‌هایی برای گرفتن عکس و فیلم از این انرژی‌ها وجود دارد. بنابراین قوانین فیزیکی ثابت می‌کنند که همه چیز از انرژی تشکیل شده است. یکی از ویژگی‌های انرژی، این است که قابلیت هدایت به جهت مشخصی را دارد. پس می‌توان گفت: وقتی به چیز خاصی فکر می‌کنیم، فارغ از اینکه فکرمان خوب یا بد؛ مثبت یا منفی؛ یا مربوط به کجای دنیا باشد، انرژی ما بلافاصله به سمت آن حرکت می‌کند. در واقع ما یك قدرت جادویی داریم که می‌توانیم به‌راحتی از آن به نفع خودمان استفاده کنیم. ضمناً مراقب افکار و کلامتان باشید!

جملاتی جادویی از نیکولا تسلا، بزرگ‌ترین نابغه تاریخ:

«اگر می خواهید اسرار جهان هستی را کشف کنید، باید از منظر انرژی، فرکانس و ارتعاش به مسائل فکر کنید.»

«در جهان هستی منبعی وجود دارد که ما از آن دانش، قدرت و الهام می گیریم.»

«مغز ما فقط یک گیرنده است.»

❋ ارتباط زیبایی با قانون انرژی و ارتعاشات

با توجه به این قوانین، برای اینکه انسان زیبایی شوید و بتوانید چیزهای مناسب خود را جذب کنید، باید فرکانس خودتان را روی موج درستی تنظیم کنید. در ادامه این کتاب به چگونگی این موضوع می‌پردازیم.

ضمناً اگر به بحث شیرین و جذاب فرکانس‌ها، ارتعاشات و قوانین فیزیک کوانتومی علاقه دارید و می‌خواهید آگاهی بیشتری درباره آن کسب نمایید، کتاب‌ها و مقالات بسیاری را که در این زمینه چاپ شده مطالعه کنید.

❋ زیبایی درونی

در واقع زیبایی درونی عبارت است از: افکار باطنی، ذات و شخصیت فرد. البته می‌تواند شامل چیزهای مختلفی باشد، مانند: خوش‌اخلاقی، خوش‌برخورد بودن، مستقل بودن، خلاقیت و استعداد در مهارت‌های مختلف. افراد برخوردار از زیبایی درونی به دلیل آگاهی اکثراً انسان‌های مثبتی هستند و می‌کوشند به دیگران نیز انرژی مثبت بدهند. آنان بدون چشمداشت به دیگران کمک می‌کنند و صمیمانه برای آن‌ها آرزوی موفقیت می‌نمایند. این افراد فرهنگ روابط را آموخته‌اند و رفتار و کلام خود را تحت‌کنترل دارند.

با اینکه اصلاً با زیبایی ظاهری مخالف نیستم، ولی باید بگویم: اگر تمرکز شما فقط بر زیبایی ظاهری باشد، در واقع نسبت به خود اطمینان ندارید و از کمبود اعتماد به نفس، و فقر آگاهی و دانش رنج می‌برید. در چنین شرایطی شما با پرداختن به ظاهر سعی می‌کنید این مشکل درونی را بپوشانید. در صورتی که زیبایی درونی، شما را قوی و شکست‌ناپذیر

می‌کند. پس اگر بتوانیم زیبایی درونی‌مان را رشد دهیم و زیبایی خود را تنها متکی به ظاهر زیبا نکنیم، فردی موفق و قوی در طولانی‌مدت خواهیم بود. البته هم‌زمان با رشد زیبایی درونی می‌توان با تمام سلیقه، زیبایی ظاهری خود را نیز حفظ کرد.

> **زیبایی بیرونی جذب می کند؛ اما زیبایی درونیِ شما، افراد را به اسارت خود می کشاند.** (کیت آنگرل)

بسیاری از افراد برای کسب زیبایی درونی تلاش می‌کنند و تمرکز زیادی روی یادگیری و رشد فردی خود دارند. اگر شما هم می‌خواهید جزء این دسته باشید، باید بر زیبایی درونی خود تمرکز کنید و آن را پرورش دهید. هنگامی که حس زیبایی درونی خود را پرورش می‌دهیم، در واقع در حال قوی‌تر کردن عزت نفس و تصویر شخصی خودمان هستیم تا مواقعی که در زندگی نیاز داریم، از آن استفاده کنیم. با پیدا کردن زیبایی‌های درونی خود، ما می‌خواهیم عزت نفس و اعتماد به نفس خودمان را بالا ببریم و در نهایت خودمان را از نو بسازیم.

عزت نفس، حس ارزشمندی ما نسبت خودمان است. به زبان ساده‌تر، یعنی اینکه ما خود را انسان باارزشی می‌دانیم. اعتماد به نفس، به معنای خودباوری و اطمینان ما نسبت به خودمان است. یعنی ما از پسِ زندگی و انجام برخی کارها و مهارت‌ها برمی‌آییم. در این مسیر، اولین قدم این است: خودتان را همان گونه که هستید، بپذیرد و تلاش کنید با خودتان برای بهترین شدن ورژن (نسخه) خود رقابت کنید.

> و هرگز، هرگز فراموش نکنید که شما زیباترین اثر هنری و شاهکار خداوند هستید! (شهلا منیعی)

✴ زیبایی در اقوام و ملل مختلف

معیار زیبایی در افکار، رفتار، گفتار، ظاهر، پوشش، هنرها، و حتی رنگ‌ها بستگی به کشوری که در آن زندگی می‌کنید، متغیر و متفاوت است. زیرا فرهنگ متشکل است از: ارزش‌ها، انواع طرز تفکر، تاریخ، مذهب، قوانین، تحصیلات، سازمان‌های اجتماعی، فرهنگ مادی و فن‌آوری، و همه این موارد تعیین‌کننده دیدگاه و نوع زیبایی‌شناسی ما هستند. در واقع زیبایی در چشمان تماشاگر آن با توجه به داده‌هایی، از قبل داده شده تعیین می‌گردد.

نکته جالب این قضیه، آن است که آنچه در نظر ما زشت و یا نقص به نظر می‌رسد، می‌تواند در جایی دیگر از کره زمین یکی از معیارهای زیبایی به حساب بیاید. شاید باور نکنید که سوراخ کردن گوش، کوتاه کردن مو و یا پوشیدن کفش‌های پاشنه بلند که در زمان حال برای ما بسیار عادی است، در فرهنگ‌های دیگر می‌تواند بسیار عجیب باشد!

اکنون برای مثال به چندین معیار جالب زیبایی ظاهری در فرهنگ‌ها و کشورهای مختلف می‌پردازم تا این موضوع برای شما روشن‌تر و ملموس‌تر شود.

☑ **دندان‌های سیاه در ژاپن**

در گذشته‌ای نه چندان دور، سیاه کردن دندان‌ها در ژاپن یکی از نشانه‌های زیبایی بود و زنان طی مراسمی دندان‌های خود را سیاه می‌کردند. این موضوع، جایگاه اجتماعی آن‌ها را نشان می‌داد و نشانه آمادگی برای ازدواج محسوب می‌شد. در این فرهنگ همچنین دندان‌های کج، اوج زیبایی و جذابیت یک زن است.

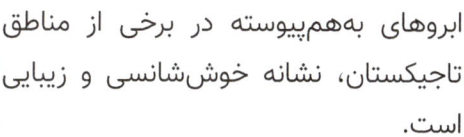

☑ **ابروهای به‌هم‌پیوسته بانوان تاجیکستان**

ابروهای به‌هم‌پیوسته در برخی از مناطق تاجیکستان، نشانه خوش‌شانسی و زیبایی است.

☑ **گردن بلند زرافه‌ای در برمه (میانمار)**

زنان این منطقه برای بلند شدن گردن خود از حلقه‌های برنجی در اطراف گردنشان استفاده می‌کنند. آن‌ها بر این عقیده هستند که هر چه گردن یک زن بلندتر باشد، زیباتر خواهد بود و هویت آن قبیله است، در ضمن آن‌ها را از حمله ببرها محافظت می‌کند.

☑ **پیشانی بلند در قبیله فولا**

در این قبیله معتقدند یک زن زیبا باید پیشانی بلندی داشته باشد. پس با تراشیدن قسمت جلوی پیشانی خود، آن را بلندتر جلوه می‌دهند.

☑ پوست قرمز و لب‌های کشیده در اتیوپی

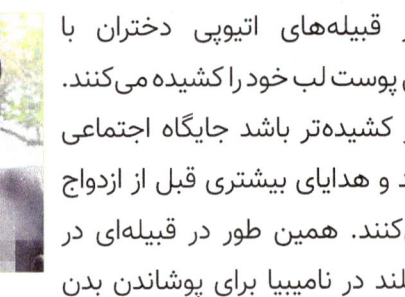

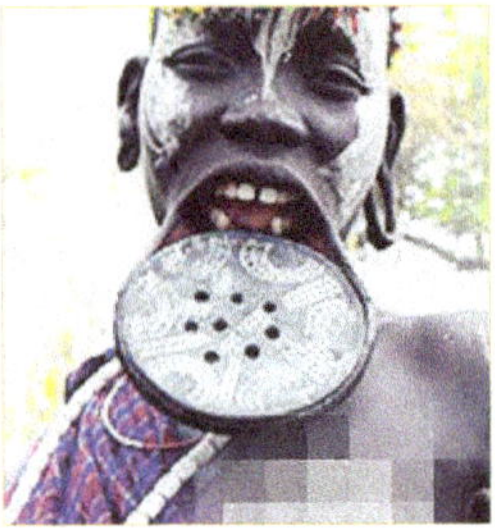

در یکی از قبیله‌های اتیوپی دختران با صفحه‌هایی پوست لب خود را کشیده می‌کنند. زیرا هر قدر کشیده‌تر باشد جایگاه اجتماعی بالاتری دارند و هدایای بیشتری قبل از ازدواج دریافت می‌کنند. همین طور در قبیله‌ای در ناحیه کائوکلند در نامیبیا برای پوشاندن بدن خود از آفتاب، خاکی قرمز به آن می‌زنند که باعث قرمزی پوست بدنشان می‌شود و نوعی زیبایی نیز محسوب می‌گردد.

☑ کوچک کردن بینی در ایران

در ایران کوچک بودن بینی نشانه زیبایی است و اکثر مردم ایران با عمل جراحی این کار را انجام می‌دهند.

☑ حنا زدن زنان هندی

در هند، زیبایی نوعی عبادت و نیایش محسوب می‌شود. زنان هندی در اکثر مناسبت‌ها پوست خود را با حنا طراحی می‌کنند و همین طور با آویز پیشانی، حلقه بینی و زیورآلات بزرگ خود را می‌آرایند. در هند زیبایی زنان بر حسب موهای بلند و مشکی و براق، پوستی روشن، اندامی زنانه و چشمانی درشت سنجیده می‌شود.

☑ زنان اروپایی

مردان این قاره، زیبایی زنان را در طبیعی بودن آن‌ها می‌دانند. برای آنان هیچ‌چیز جذاب‌تر از زیبایی طبیعی یک زن نیست. زنان این قاره فقط می‌خواهند خودشان باشند و بس! آن‌ها می‌گویند: «قبل از تغییر هر چیز، بهتر است به خود واقعی‌مان عادت کنیم.» همچنین مراقبت از پوست و مو، برای آن‌ها نشانه زیبایی است.

ملاک‌های زیبایی بسیار زیاد دیگری در کشورهای مختلف وجود دارد. از قبیل: صورت قلبی شکل در کره جنوبی؛ چاق بودن زنان در موریتانی؛ پوست رنگ پریده در چین و تایلند؛ خراش پوست در گینه‌نو؛ تاتو در نیوزیلند و غیره.

گفتگو در خلوت

صبر کنید! پیش از اینکه جلوتر بروید، طبق قراری که با هم در اول کتاب گذاشته بودیم، همین الان قلمتان را بردارید و اینجا یا در دفترچه‌ای که تهیه کرده‌اید، به این سؤالات پاسخ دهید. لطفاً در پایان کتاب دوباره برگردید و یادداشت‌های خود را مرور کنید و دوباره نظرتان را بنویسید. ببینید چه تغییری در نوع نگاه شما ایجاد شده است؟

۱. به نظر شما زیبایی چیست و شما چگونه زیبایی را تعریف می‌کنید؟

(اولین کلماتی را که به ذهنتان می‌رسد، یادداشت کنید. یادتان باشد! هیچ درست و غلطی وجود ندارد و هیچ نمره‌ای داده نمی‌شود.)

....

....

....

۲. چند تا چیز زیبا را اسم ببرید؟

(پاسخ شما می‌تواند یک شخص، حیوان، گل، یا حتی یک احساس، یک لبخند، یک نگاه، یک خاطره، و شاید هم خودتان باشد!)

....

....

....

۳. زیبایی‌های درونی شما چیست؟ حداقل ۱۰ مورد از زیبایی‌های درونی خود را بنویسید.

(خجالت نکشید! اینجا جز من و شما کس دیگری نیست. من مطمئنم چیزهایی برای نوشتن دارید. در پایان کتاب این نوشته‌ها را لازم داریم. پس شروع کنید و بنویسید.)

....

....

....

فصل چهارم: ذهن زیبا

ذهن زیبا چیست؟

شما می‌توانید بینی کج، دهان کج، چانه دوتایی و دندان‌های بیرون‌زده داشته باشید. اما اگر افکار خوبی داشته باشید، مانند پرتوهای خورشید از چهره‌تان می‌درخشند و همیشه دوست‌داشتنی خواهید بود. رولد دال

ذهن سالم

افرادی که می‌توانند احساسات خود را مدیریت کنند، احساس رضایت بیشتری از زندگی دارند. آن‌ها از چالش‌ها به نفع خود و برای تغییر و یادگیری چیزهای جدید استفاده می‌کنند. برای اینکه بتوانیم احساساتمان را کنترل کنیم، اول باید ذهن سالمی برای خودمان تربیت کنیم و این کار نیاز به تمرین و آموزش دارد. برای دستیابی به این هدف، باید دستورالعمل‌های خاصی را انجام داد. شما فکر می‌کنید برای داشتن ذهن سالم چه کارهایی باید انجام دهید؟

ضرب‌المثلی هست که می‌گوید: «عقل سالم در بدن سالم!»

شاید این جمله، زیاد هم بی‌ربط نباشد! چرا که اولین قدم برای داشتن ذهن سالم را می‌توان با تمرینات فیزیکی برداشت. البته باید بگویم در جهان امروزی افراد بسیار نابغه‌ای وجود دارند که از بدنی کامل برخوردار نیستند و حتی برخی از آن‌ها معلولیت جسمی دارند. پس وقتی از بدن سالم صحبت می‌کنیم، منظورمان بدنی است که به آن رسیدگی می‌شود. بنابراین شاید بتوان ضرب‌المثل بالا را گاهی طور دیگری به کار برد:

«سلامتی ذهن در مطالعه مستمر، یادگیری مداوم و تغییرپذیری است.» (شهلا منیعی)

نمونه بسیار بزرگ و معروف این ضرب‌المثل، **استفان هاوکینگ** بود که برای بخش عمده‌ای از مردم جهان یک نام شناخته شده است. او سال ۱۹۴۲ در شهر آکسفورد انگلیس به دنیا آمد و با وجود معلولیت شدید جسمی خود، او را به عنوان یکی از نوابغ جهان علم می‌شناسیم. او روی ویلچر خودش انسان‌ها را به راز کهکشان‌ها نزدیک کرد.

◈ تأثیرات افکار

> ای برادر تو همان اندیشه‌ای
>
> مابقی تو استخوان و ریشه‌ای
>
> گر گل است اندیشه تو، گلشنی
>
> ور بود خاری، تو هیمه گلخنی
>
> (حضرت مولانا)

علم ثابت کرده است که قدرت افکار و تأثیر ذهن بر زندگی و جهان پیرامون، بسیار بیشتر از حد تصور ماست. اجازه دهید پیش از اینکه جلوتر برویم، موضوعی را برایتان توضیح دهم که اکثراً به اشتباه از آن استفاده می‌شود.

☑ تفاوت مغز و ذهن

اگر بتوانیم سرمان را به کامپیوتری تشبیه کنیم، ذهن ما یک نرم‌افزار است. در واقع، ذهن ما تمام فعالیت‌های ذهنی و افکار ما را شامل می‌شود. یعنی همه باورها، نگرش‌ها، تصورات، افکار و احساسات ما.

اما مغز ما مثل یک سخت‌افزار است که به خودی خود محتوایی در آن قرار ندارد و با مکانیسم خود اجازه تجربه احساسات مختلف را به ما می‌دهد. برای مغز فرق ندارد که این افکار آگاهانه باشند یا ناخودآگاهانه. مغز دارای واکنش فیزیولوژی خود است که می‌تواند مستقیماً روی جسم ما اثر خوب یا بد بگذارد. یکی از مواردی که افکار ما بر آن تأثیر مستقیم

دارد، بدنمان است. با اینکه ما به صورت روزانه با اینَ موضوع درگیر هستیم، دقت نمی‌کنیم و متوجه بازتاب مستقیم افکار روی بدن خود نیستیم.

مراقب ورودی‌های خود باشید! حتماً بارها شنیده‌اید که استرس و فشارهای روانی چه اثراتی روی بدن ما دارند. زمان ترس و نگرانی، بدن هورمون استرس را تولید می‌کند و تغییراتی در کل بدن ایجاد می‌شود. البته عکس آن هم صادق است و مشکلات جسمی اثر نامناسبی بر روان ما دارند. مثلاً وقتی درد دارید، کم‌حوصله می‌شوید.

اول باید بدانیم با نیروی قدرتمندی به نام ذهن روبه‌رو هستیم که مستقیماً رابطه پیچیده‌ای با جسم ما دارد. در واقع تمام سیستم‌های بدنمان با سیستم‌های احساسی ما در ارتباطند و به آن واکنش مستقیم نشان می‌دهند.

«بزرگ‌ترین کشف تاریخ این بوده است که انسان با تغییر تفکراتش می‌تواند آینده‌اش را تغییر دهد.»

(اپرا وینفری)

افکار مثبت و منفی

به صورت کلی ما دو نوع فکر داریم: مثبت و منفی. همان طور که می‌دانید افکار مثبت باعث افزایش سلامتی می‌شوند، و افکار منفی مانند: بدبینی، دودلی، افسردگی، پرخاشگری، عصبانیت و نشخوارهای فکری اثر نامطلوبی روی ما دارند. پس باید به سلامت روانی خود توجه داشته باشیم و بسیار بادقت و هوشمندانه عمل کنیم. در واقع ما می‌توانیم با

تکنیک‌های مختلف و هدفمند به مغز خود پیام‌های خوب و مثبتی برسانیم تا از آسیب‌های جسمی پیشگیری کنیم.

در جهان امروزی فعالیت‌های مختلفی وجود دارد که می‌توان برای آرامش ذهن و بدن از آن‌ها استفاده کرد. زیرا ذهن و بدن رابطه متقابلی با هم دارند. فعالیت‌هایی مانند: تمرینات ذهنی بدنی، برنامه‌های مایندفولنس، زبان بدن، مراقبه و مدیتیشن، هنر درمانی، یوگا، رقص، موسیقی و سبک زندگی سالم که مبتنی بر همین رابطه بین ذهن و بدن هستند.

❧ قدرت جادویی ذهن

> **هر چیزی که هستید، نتیجه چیزهایی است که به آن‌ها فکر کرده‌اید! (بودا)**

مبحث ذهن به قدری جالب و شگفت‌انگیز است که نمی‌دانم از کجا شروع کنم و چه چیزهایی درباره آن برایتان بگویم! واقعیت آن است که درباره این موضوع می‌توان کتاب‌ها نوشت.

اگر به قدرت واقعی ذهن خود پی ببرید، می‌توانید معجزه‌ها کنید. ذهن ما با ارتباطی که بین خودش و کائنات دارد، می‌تواند هر شرایطی را که

می‌خواهد خلق کند. بله، شما قدرت خلق آرزوهای خود را دارید و هیچ استثنایی هم وجود ندارد! به عبارت دیگر، این قانون درباره همه انسان‌ها صدق می‌کند و یکسان است.

آنچه راجع به ذهن می‌گویم، مطالب تازه‌ای نیست. بلکه چیزهایی است که همیشه وجود داشتند و سالیان سال از انسان‌های بسیار خردمند شنیده‌ایم. آن‌ها از این راز آگاهی داشتند و آن را در زندگی خود به کار می‌بردند. اکثر افراد موفق سال‌هاست که از این قوانین استفاده می‌کنند و نتیجه می‌گیرند. در واقع این افراد هیچ فرمول جادویی ندارند، بلکه فقط از قوانین ساده ذهن آگاهند و آن‌ها را به کار می‌گیرند. همین و بس!

ولی اکثر آدم‌ها به خاطر سادگی این قوانین، به‌راحتی از کنار آن‌ها می‌گذرند. زیرا منتظر فرمول جادویی کیمیاگری هستند، در صورتی‌که این قوانین بسیار ساده هستند. آن‌قدر ساده و در دسترس که به چشم ما نمی‌آیند و آن‌ها را نمی‌بینیم! جهان هستی کاملاً در خدمت ماست، فقط باید بدانیم چگونه از آن استفاده کنیم.

در واقع ما با افکار و کلماتمان، تمام اتفاقات و آینده خودمان را رقم می‌زنیم. زیرا کائنات به افکار و کلام ما پاسخ می‌دهند. شاید ما کدهای درستی را ارسال نمی‌کنیم که نتیجه درستی نمی‌گیریم!

برای خلق تمام خواسته‌ها و آرزوها اول باید بتوانیم ورودی‌ها و خروجی‌های خودمان را کنترل کنیم. زیرا ذهن ما هر چیزی را که باور داشته باشیم، قبول می‌کند و بدون قضاوت خوب یا بد، آن را برایمان می‌آفریند.

خُب، حتماً تا حالا راجع‌به قانون جذب بسیار شنیده‌اید! البته این قانون مشهور تا حدودی به جهانیان معرفی شده است، ولی این مقدار کافی نیست! در هر صورت ما هم نمی‌خواهیم در این کتاب به تجزیه و تحلیل این مسئله بپردازیم، بلکه فقط می‌خواهیم این قانون را بهتر بشناسیم و از آن استفاده درستی بکنیم.

ذهن کوانتومی

حال بیایید به بحث شیرین، جنجالی و داغ این روزها بپردازیم! چیزی که سال‌ها پیش توسط دانشمندان کشف شد. فیزیک کوانتوم نظریه بسیار پیچیده و اسرارآمیزی است که برای تعریف طبیعت که ذهن ما هم بخشی از آن است، استفاده می‌شود. برویم نظر کوتاهی به ذهن کوانتومی به عنوان زیرمجموعه فیزیک کوانتوم بیندازیم. اما قبل از آن دو توصیه مهم برای شما دارم:

توصیه اول. مراقب چیزهایی که می‌شنوید باشید!

توصیه دوم. دقت کنید این حرف‌ها را از چه کسی می‌شنوید!

چون این روزها به محض اینکه چیزی مد می‌شود، همه کمی از آن اطلاع می‌یابند و سریعاً شروع به بازگویی نادرست آن می‌کنند. پس حواستان به داستان‌های علمی تخیلی باشد! و اگر علاقه‌مند به این موضوع یا هر مبحث دیگری هستید، پیشنهاد می‌کنم خودتان بیشتر راجع‌به آن مطالعه کنید.

ذهن کوانتومی چیست؟

همان طور که گفته شد، افکار ما داری سیگنال‌های الکترومغناطیسی هستند و مستقیماً بر میدان کوانتومی تأثیر دارند. وقتی ما در ذهن

خود به چیزی فکر می‌کنیم که می‌خواهیم در آینده آن را خلق کنیم، این مسئله در میدان کوانتومی تحقق پیدا می‌کند. فقط نیازمند یک مشاهده‌گر است.

در واقع فیزیک کوانتومی به ما می‌گوید: «وقتی شما فکری می‌کنید که دارای ارتعاش است، این فکر به میدان کوانتومی می‌رود. اگر به آن تمرکز و تجسم کافی کنید، آن فکر در زندگی شما ظاهر می‌شود.» پس ما با افکار خود و آنچه می‌کنیم، به واقعیت زندگی خودمان شکل می‌دهیم.

نکته بسیار مهم دیگری که در اینجا وجود دارد، رابطه‌ای است که خیلی ساده ما بین احساسات و افکار خود برقرار می‌کنیم. این رابطه در فیزیک کوانتومی، «انسجام» نامیده می‌شود. پس خواسته‌های قلبی ما می‌توانند رؤیای ما را تحقق بخشند. به عبارت دیگر، در فیزیک کوانتومی گفته می‌شود: «این خود ما هستیم که واقعیت خودمان را ایجاد می‌کنیم.»

> **تخیل مهم‌تر از دانش است.** (آلبرت انیشتین)

به اندازه‌ای که نیاز داشتید، این موضوع را توضیح دادیم تا بدانید این موضوعات، حقایق علمی فیزیک هستند. حتی روان‌شناسان نیز برای درمان از این اصول و روش‌ها استفاده می‌کنند. شما می‌توانید هنگام مدیتیشن و کار روی باورهای خودتان، تمرین تصویرسازی و تحقق آرزوها را انجام دهید.

سؤالات جادویی

قدرت سؤالات را دست‌کم نگیرد، آن‌ها در زندگی ما معجزه می‌کنند! سؤالات خوب، درست مثل یک دوست و راهنمای خوب هستند که حالتان را خوب می‌کنند و راه را به شما نشان می‌دهند. سؤالات جادویی یا اصطلاحاً کوانتومی، جزء این دسته‌اند و بسیار مهم هستند.

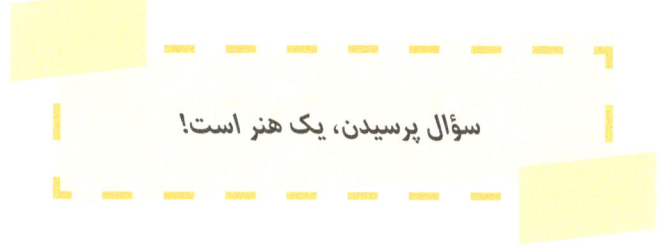

سؤال پرسیدن، یک هنر است!

همیشه و هر روز از خودتان سؤالات کوانتومی بپرسید.

بله، درست شنیدید! سؤالات خوب و قدرتمند انسان را به همه جا می‌رسانند. آن‌ها کیفیت زندگی را بهبود می‌بخشند، سطح آگاهی را بالاتر می‌برند و در انتخاب‌ها به ما کمک می‌کند. در واقع آن‌ها فانوس راه ما هستند!

ما بیشتر به سؤالات قدرتمند نیاز داریم تا پاسخ. چرا که پاسخ‌ها هستند، حتی پاسخ‌های بی‌شماری وجود دارند. اما با کمبود سؤال خوب مواجه هستیم. سؤالات درست دقیقاً مثل یک پزشک خوب عمل می‌کنند و ما را به تشخیص و درمان درست راهنمایی می‌نمایند.

ذهن ما قطعاً برای هر سؤالی، پاسخی دارد. لطفاً فقط سعی کنید باوسواس و دقت کامل، سؤالات خود را انتخاب نمایید. همیشه سؤالاتی مثبت طرح کنید که جوابشان حال دلتان را خوب کند و به یک راه‌حل مناسب ختم شود. لازم نیست آگاهانه به دنبال جواب بگردید، جواب‌ها خودشان از ناخودآگاه شما پیدا می‌شوند.

عیسی مسیح چقدر زیبا می‌گوید:
«بخواهید که به شما داده خواهد شد.
بجویید که خواهید یافت.
بکوبید که در به رویتان گشوده خواهد شد.
و این وعده خداوند است!»

در اینجا کلمه «بخواهید» را می‌توان به تعبیری: سؤال کردن، درخواست کردن یا پرسیدن دانست. اگر شما سؤال کنید: «من چگونه می‌توانم دنیای خودم را متحول کنم؟ یا چگونه می‌توانم به فلان هدفم برسم؟»، به شما پاسخ داده می‌شود و راه برای شما آشکار خواهد شد.

تمام معجزات زندگی خود من هم از سؤال کردن آغاز شد. یادش به خیر! مادرم همیشه می‌گفت: «آخر تو چقدر سؤال داری دختر؟!» من هم جواب می‌دادم: «خُب، سؤال پیش می‌آید! اگر نمی‌توانی جواب بدهی، بگو!» و مادرم می‌گفت: «نه، مسئله این است که سؤال‌های تو تمامی ندارند!» بله، من زیاد سؤال می‌پرسیدم و نمی‌دانم چطوری، ولی جواب سؤالاتم هر کدام پس از مدتی خودشان را به طریقی آشکار می‌نمودند و بدون اینکه از قدرت آن‌ها اطلاع داشته باشم، زندگی مرا دگرگون کردند.

در واقع ما انسان‌ها در تمام روز مشغول پرسش و پاسخ‌های ذهنی خود هستیم که به آن‌ها فکر می‌گوییم. در جهان هستی برای هر سؤالی، جوابی وجود دارد. بنابراین، ما دائماً با افکار خود که از مشتی

پرسش و پاسخ تشکیل شده، در حال تمرکز و انتخاب خواسته‌ها و ناخواسته‌هایمان، و در نتیجه خلق واقعیت زندگی خود هستیم.

این موضوع آن‌قدر اهمیت دارد که می‌توان آن را «پروسه یا چرخه سرنوشت‌ساز» نامید. در واقع سؤالاتی که از ذهن ما می‌گذرند، کانون تمرکز و توجه ما را تعیین می‌کنند. با تغییر سؤالات، تمرکز و توجه ما به سوی دیگری تغییر می‌کند، در نتیجه واقعیت زندگی ما و سرنوشت ما نیز متحول می‌شود.

❈ چند نوع از طبقه‌بندی‌های سؤالات جادویی

در بیشتر کتاب‌هایی که در این زمینه به چاپ رسیده، سؤالات را به این چهار دسته تقسیم کرده‌اند:

۱. پرسش‌های تضعیف‌کننده

پاسخ این پرسش‌ها منفی است و فقط شما را ضعیف‌تر می‌کند.

۲. پرسش‌های نیرودهنده

این پرسش‌ها در زندگی ما غوغا می‌کنند. آن‌ها به ما ایده‌های نو و حس عمل‌گرایی می‌دهند و مهم‌تر از همه، تمرکز ما را از مشکل به راه‌حل آن جابجا می‌کنند.

۳. پرسش‌های امکان‌آفرین

پرسش‌هایی که پاسخ آن‌ها آینده‌ی ما را زیباتر ترسیم می‌کنند.

۴. پرسش‌های ضرورت‌آفرین

پاسخ این پرسش‌ها دارای راه‌حل است و حس عمل‌گرایی به شما می‌دهد.

فراموش نکنید زمانی که جواب را گرفتید، باید به آن عمل کنید. جواب به‌تنهایی نمی‌تواند کاری انجام دهد، بلکه منتظر عمل شماست. چون نتیجه کار، بعد از عمل کردن خودش را نشان می‌دهد.

در این کتاب فقط جهت آشنایی شما به این ابزار قدرتمند اشاره‌ای کردم. اگر علاقه‌مند هستید راجع‌به این موضوع بیشتر بدانید، کتاب‌ها و مقالات بسیاری را که در این زمینه نوشته شده مطالعه کنید.

◪ معرفی کتاب

از کتاب «پرسش‌های کوانتومی»، نوشته آنتونی رابینز و باربارا دی آنجلیس استفاده کنید. همچنین کتاب «سؤالاتت را تغییر بده تا زندگی‌ات تغییر کند»، نوشته ماریل آدامز هم بسیار سودمند است. با مطالعه این کتاب‌ها یاد می‌گیرید چگونه در زندگی خود سؤالات قدرتمندتری بپرسید و نتایج بهتری بگیرید.

گفتگو در خلوت

لطفاً همین الان در دفترچه خود ۵ سؤال که جوابشان حالتان را خوب می‌کند، بنویسید.

(حالا چند تقلب کوچک، ولی مهم به شما برسانم! سؤالات خودتان را با چطوری و چگونه آغاز کنید و ادامه دهید. سؤالات مختلفی طرح کنید و به احساساتتان نسبت به جواب‌های احتمالی آن‌ها دقت کنید. تعداد سؤالات مهم نیست. هر چند تا سؤال که می‌توانید، بنویسید و سعی کنید هر بار سؤالات دقیق‌تر و قوی‌تری بپرسید. اما از کجا بفهمیم سؤالاتمان قدرتمند است؟ معمولاً سؤالاتی که احساس رضایتمندی به شما می‌دهند، جوابشان شما را به هدف نزدیک‌تر می‌کند. توصیه می‌کنم پس از اتمام کتاب و تمرینات، باز هم سؤال نوشتن را ادامه دهید تا در این کار مهارت پیدا کنید.)

۱. ....

۲. ....

۳. ....

۴. ....

۵. ....

رازهای ذهن زیبا

شما تبدیل به آن چیزی می‌شوید که به آن فکر می‌کنید!

برای داشتن ذهنی زیبا راهکارها، تکنیك‌ها و تمرینات بسیار زیادی در درجات متفاوت وجود دارد که در این کتاب نمی‌گنجد. من اینجا فقط تمرین‌های پایه‌ای را برایتان بیان می‌کنم که در عین ساده بودن، پایه تمرینات بعدی هستند. پس آن‌ها را دست‌کم نگیرید! اکنون با چند مثال به برخی کارها و تمرینات برای داشتن ذهنی سالم می‌پردازیم:

مشخص کردن دقیق خواسته‌ها

خواسته‌های خود را دقیق و با تمام جزئیات در دفترچه جادویی خواسته‌هایتان یادداشت کنید. اندازه خواسته‌های شما و بزرگی و کوچکی آن‌ها اصلاً مهم نیست. جرئت داشته باشید! باید به کسی یا نیرویی ماورای خود که باور دارید و خواسته‌هایتان را برایش می‌نویسید، کاملاً ایمان داشته باشید. بسیار مهم است که نسبت به خواسته‌هایتان احساس داشته باشید.

این فرکانس و ارتعاش، خواسته را به قلب شما می‌چسباند و تأثیر آن را دوچندان می‌کند. ضمناً تصویرسازی ذهنی و تجسم کردن را نیز فراموش نکنید

❊ مراقب قدرت کلمات باشید

کلمات ما قدرت جادویی عظیمی دارند و بسیار قدرتمندتر از آن هستند که ما بتوانیم حتی فکرش را بکنیم. پس مراقب این خروجی‌های قدرتمند باشید!

❊ حال دلتان را خوب نگه دارید

نمی‌دانم چطور! هر طور که می‌توانید حال دلتان را خوب کنید و خوب نگه دارید. البته در این کتاب و کتب دیگر کلی مطلب برای اینکه حال دلتان خوب شود، وجود دارد. فقط یادتان نرود! فقط دوباره وارد وادی «نمی‌شود و نمیتوانم» نشوید!

این را بدانید: شما حق انتخاب دارید، حداقل سعی خودتان را بکنید! بسیاری از آدم‌های موفق روزی از همین نقطه شروع کردند. شما هم می‌توانید مانند آن‌ها حال خودتان را خوب کنید و زندگی‌تان را از نو بسازید.

❊ استراحت کافی و باکیفیت را جدی بگیرید

تحقیقات نشان می‌دهد استراحت باکیفیت و خواب سالم، استرس و پرخاشگری ما را کاهش می‌دهد و بر بهبود حافظه، قدرت تصمیم‌گیری، و ارتباطات ما تأثیر مستقیم دارد.

❊ ورزش و تحرک کافی و منظم داشته باشید

ورزش کردن باعث افزایش جریان خون و رسیدن آن به غده هیپوکامپوس مغز می‌شود که مسئول حافظه کوتاه‌مدت ماست و به نوعی احساسات

ما را تنظیم می‌کند. همچنین برای اینکه ذهن ما انعطاف‌پذیری و قدرت پردازش اطلاعات جدید را داشته باشد، مغز ما نیاز به سلول‌های عصبی تازه‌ای دارد که ورزش کردن کمک زیادی به ساختن آن‌ها می‌کند.

❊ تغذیه سالم و مناسب داشته باشید

وقتی از جسم سالمی برخوردار هستیم، افکار درست‌تر و بهتری نیز داریم. برای داشتن جسمی سالم، علاوه‌بر استراحت و تحرک کافی، به تغذیه مناسب نیاز داریم. زیرا غذاها رابطه مستقیمی با اخلاق، افکار، احساسات و روابط ما دارند. به عبارت دیگر، شما آنچه که می‌خورید، می‌شوید! تحقیقات نشان می‌دهد رژیم غذایی مناسب، تأثیر مثبتی بر افراد افسرده و بیش‌فعال دارد.

❊ آرامش و تمرکز خود را افزایش دهید

اگر می‌خواهید در زندگی، روابط و کارتان موفق باشید، نیاز به آرامش و تمرکز بیشتری دارید. به کمک تمرینات آرام‌سازی و تمرکز این بعد را در خود تقویت کنید.

❊ ذهن خود را درمان کنید

انسان‌ها در طول زندگی خود رویدادهای عاطفی مختلفی را پشت سر می‌گذارند که برخی از آن‌ها تأثیرات بسیار عمیقی بر ذهن و روح دارند. اگر این اتفاقات روحیه‌تان را تضعیف کرده و سبب مشکلاتی در روابط شما در منزل یا محل کارتان شده است، می‌توانید به یک مشاور یا روان‌درمانگر مراجعه کنید. اکثر اوقات ما فقط احتیاج به کمک کوچکی داریم تا بتوانیم احساساتمان را مدیریت کنیم.

روابط عمومی خوبی ایجاد کنید

اگر می‌خواهید از نظر احساسی متعادل باشید و از سلامت عاطفی بیشتری بهره‌مند گردید، روابط عمومی خوب را دست‌کم نگیرید. عضویت در یک باشگاه؛ شرکت در جمع‌ها؛ وقت گذراندن با عزیزان و دوستان؛ و مشارکت در کارهای گروهی به این امر کمک می‌کند.

در کارهای نیکوکارانه مشارکت کنید

فعالیت در کارهای نیکوکارانه در ذهن و احساس شما غوغا می‌کند! شرکت در کارهای خیرخواهانه و نوع‌دوستی باعث ترشح دوپامین و سروتونین می‌شود، و در نتیجه حس شادی و رضایتمندی را در فرد تقویت می‌کند. پس به هر نحوی که شده، در چنین کارهایی به طور داوطلبانه مشارکت کنید.

از قانون سپاسگزاری استفاده کنید

سپاسگزاری یکی از قوی‌ترین ارتعاشات ذهن، و یکی از خروجی‌های قدرتمند شماست. پس هر روز چیزهایی را پیدا کنید که به خاطرشان سپاسگزار هستید.

جادوی مدیتیشن را امتحان کنید

کار به این سادگی در زندگی شما معجزه می‌کند! حداقل روزی ۱۵ دقیقه مدیتیشن کنید. شما نیاز ندارید در این کار حرفه‌ای باشید، فقط کافی است به مغز خود کمی آرامش هدیه دهید.

منفی‌نگر نباشید و مثبت‌نگری سمی را هم کنار بگذارید

واقع‌گرا باشید، اما منفی‌نگر نباشید و افکار منفی را از خود دور کنید. کتاب‌های زیادی حاوی راهکارهای مفید در این زمینه وجود دارد. همچنین توصیه می‌کنم از مثبت‌نگری سمی نیز دوری کنید. مثبت‌نگری سمی، یعنی مثبت‌بینی بیش از اندازه برای سرکوب کردن احساسات بد و منفی؛ فرار از واقعیت؛ و تظاهر به خوش‌بینی در هر شرایطی. مثبت‌نگری سمی به رشد فردی آسیب می‌زند و باعث عدم پذیرش خود می‌شود. همچنین منجر به عدم درک واقعیت، و در نتیجه عدم توانایی برای تغییر و بهبود شرایط خود می‌گردد و از این نظر، مضر و خطرناک است.

اگر ما بپذیریم زندگی مجموعه‌ای از اتفاقات خوب و ناگوار است، می‌توانیم از اتفاقات ناگوار درس لازم را بگیریم و سعی کنیم به دنبال راه‌حلی باشیم و آن‌ها را به نفع خودمان تغییر دهیم. ضمناً هیچ اشکالی ندارد گاهی ناراحت باشید؛ گاهی عصبانی باشید؛ یا حتی گاهی گریه کنید تا بتوانید رشد کنید و جهشی بلندتر بردارید!

یادتان باشد! یک تیر فقط زمانی قابل پرتاب است که کمان به عقب کشیده شود.

پس وقتی زندگی با مشقت در حال عقب کشیدن شماست، یعنی قرار است به‌سوی چیزی بی‌نظیر پرتاب شوید!

☑ **معرفی کتاب**

در کتاب «قانون ۵ ثانیه»، نوشته مل رابینز یک تکنیک کاربردی وجود دارد که من خیلی وقت‌ها از آن استفاده می‌کنم. اینکه هر بار افکار منفی سراغتان می‌آید، چشمانتان را ببندید و تا ۵ ثانیه بشمارید و در ذهنتان سراغ یک فکر مثبت و دوست‌داشتنی، یا خاطره‌ای شاد بروید و آن را به آرامی مرور کنید. بلافاصله حال دلتان بهتر می‌شود!

از خبرهای بد دوری کنید

اخبار بد، فرکانس شما را پایین می‌آورند و ورودی‌های بدی هستند، پس مراقب آن‌ها باشید!

مایندفولنس داشته باشید یا ذهن‌آگاه باشید

مایندفولنس یا ذهن‌آگاهی عبارت است از: توجه هدفمند و آگاهانه نسبت به رفتار، گفتار و افکارمان. یعنی اینکه زمان حال و اکنون را مزه‌مزه کنیم. با مایندفولنس یاد می‌گیریم در حسرت گذشته و نگران آینده نباشیم، آگاهانه در زمان حال حضور به سر ببریم و در تمام کارهایمان ذهن‌آگاه باشیم. در واقع مایندفولنس به شما می‌گوید چگونه از تک‌تک لحظات زندگی خود بهترین استفاده را ببرید. مایندفولنس یکی از بهترین روش‌های روان‌درمانی است. به کمک تمرینات مایندفولنس می‌توانید به خودشناسی و خودسازی بپردازید و تغییرات اساسی در ذهن و روح خود ایجاد کنید، به طوری که زندگی شما دگرگون می‌شود.

> زمان حال، تنها جایی است که در آن می‌توانیم زندگی را زندگی و خلق کنیم. (شهلا منیعی)

✳ استفاده کردن از اپلیکیشن‌های موجود

شما به‌راحتی می‌توانید به کمک اپلیکیشن‌های موجود در زمینه «ذهن، ذهن‌آگاهی و مایندفولنس» ذهن خود را کنترل و مدیریت کنید، استرس خود را کاهش دهید و مایندفولنس را تجربه کنید. پیشنهاد می‌کنم کلیدواژه‌هایی چون: Meditation یا Mindfulness را در اپ‌استورها جستجو کنید و از اپلیکیشن‌های مفید رایگان یا پولی موجود در این زمینه استفاده کنید.

اگر علاقه‌مند هستید اطلاعات بیشتری در این زمینه کسب کنید، می‌توانید کتاب‌های مفیدی مطالعه نمایید یا در سمینارها یا جلسات خصوصی من شرکت کنید. همچنین برای آشنایی با تمرینات مایندفولنس و سایر تمرین‌ها به وب‌سایت، کانال یوتیوب و پیج اینستاگرام من سر بزنید و از مطالب ارزشمند دیگری نیز استفاده کنید.

☑ معرفی کتاب

کتاب ارزشمند «مایندفولنس»، نوشته جان هرشفیلد و تام کوربوی را مطالعه کنید.

گفتگو در خلوت

قلمتان را آماده کنید و در خلوت خود به چند سؤال جواب دهید.

۱. آیا به نظرتان ذهنی زیبا دارید؟

....

....

....

۲. از آنجایی که مطمئن هستم ذهنی زیبا دارید، اکنون چند مورد را برای خودتان بنویسید.

(شاید با خودتان فکر کنید من از کجا می‌دانم شما ذهن زیبایی دارید؟! پاسخ، بسیار روشن است! زیرا اکنون برای رشد فردی خودتان مشغول خواندن این کتاب هستید. پس همین مورد را به عنوان اولین نشانه ذهن زیبایتان اینجا بنویسید.)

....

....

....

۳. برای رشد ذهنی خودتان دوست دارید کدام‌یک از کارها و تمرینات بالا را انجام دهید؟

....

....

....

۴. آیا تاکنون تمریناتی برای رشد ذهنی خودتان انجام داده‌اید؟ چه تمریناتی؟ حداقل ۳ مورد را نام ببرید.

....

....

....

۵. آیا شما تمرینات دیگری برای رشد ذهنی خود بلد هستید؟ اگر پاسختان مثبت است، آن‌ها را اینجا اضافه کنید.

....

....

....

اهمیت سلامت روان

آگاهی از دانستن اینکه سلامت روان چیست، به شما کمک می‌کند آن را بشناسید و در صورت نیاز ترمیم یا تقویت کنید. برای داشتن فعالیت‌های سازنده در زندگی، نیاز به یک اجرای موفقیت‌آمیز از عملکرد روانی داریم. سلامت روان شامل: نحوه تفکر و احساسات یک انسان است و سبب می‌شود فرد در شرایط مختلفی مانند: نگرانی، استرس و بحران دست به انتخاب بهتری بزند. سلامت روان در سنین مختلف و همه مراحل زندگی شخص اهمیت بالایی دارد. برای اینکه در فعالیت‌های زندگی بتوانیم عملکرد بهتری داشته باشیم، نیاز داریم به سلامت روان خود توجه کنیم و آن را بالا ببریم.

چند نشانه اولیه اختلال سلامت روان

اگر شما یک یا چند نشانه زیر را تجربه می‌کنید، ممکن است مشکلی در زمینه سلامت روان داشته باشید.

۱. دردهای بدون دلیل

۲. احساس ناامیدی و یأس

۳. کم‌انرژی بودن

٤. بی‌توجهی به دنیا

۵. نگرانی، خشم و ترس شدید

٦. مرور خاطرات تلخ

۷. ناتوانی در انجام کارهای روزانه

۸. فریاد کشیدن و بحث با اطرافیان

۹. عدم تعادل در خوابیدن، مثلاً زیاد یا کم خوابیدن

۱۰. عدم تعادل در خوردن، مثلاً زیاد یا کم خوردن

۱۱. مصرف بی‌اندازه سیگار، الکل یا دارو

۱۲. عدم تمایل به شرکت در فعالیت‌های گروهی و اجتماعی

❈ برای افزایش سلامت روان چه کارهایی می‌توان انجام داد؟

به طور کلی باید کارهای سازنده انجام دهید:

- ✓ به زندگی خود معنا ببخشید
- ✓ به خودتان اعتماد داشته باشید
- ✓ مثبت باشید و مثبت فکر کنید
- ✓ در زندگی‌تان هدف داشته باشید
- ✓ با دیگران ارتباط سازنده برقرار کنید
- ✓ تحرک و فعالیت جسمانی داشته باشید
- ✓ پتانسیل‌های خود را شناسایی کنید
- ✓ خشم و استرس خود را مدیریت کنید
- ✓ به اندازه بخورید، بنوشید و بخوابید
- ✓ مسئولیت‌پذیر و به خودتان متعهد باشید
- ✓ مدیریت چالش‌های زندگی را بیاموزید
- ✓ به دیگران کمک کنید و با آن‌ها همکاری کنید
- ✓ در صورت نیاز از مشاور کمک بگیرید

گفتگو در خلوت

فرامـوش نکنید! حتمـاً سـعی کنیـد چیـزی یادداشـت کنیـد. زیـرا در پایان این کتاب، شـما دفترچه راهنمایی دارید که می‌توانـد نقشـه راه زندگی‌تـان باشد.

۱. وضعیت سـلامت روان شـما چگونـه اسـت؟ آیا برخـی از نشـانه‌های گفتـه شـده در زمینـه اختـلال سـلامت روان را در خودتـان می‌بینیـد؟ کدام نشـانه‌ها؟

....

....

....

۲. شما کدام‌یک از گزینه‌های گفته شده یا کارهای دیگری را برای افزایش سلامت روان خود انجام داده‌اید؟

....

....

....

۳. بـرای افزایـش سـلامت خـود تصمیـم داریـد کدام‌یـک از کارهـای گفتـه شـده را انجـام دهیـد؟ آن‌هـا را بـرای خودتـان یادداشـت کنیـد.

....

....

....

اینجا برای خودت یک یادداشت بگذار. هرچه دلت می‌خواهد بنویس.

....

....

....

....

به خـودم قول مـی‌دم که همـه چیـز را در زندگیـم تغییر بدهـم و از امـروز تبدیـل به انسـان زیباتـر دیگری خواهـم شد.

من خالق زندگی خودم هستم.

نام :

تاریخ امروز :

امضاء:

فصل پنجم: روح زیبا

روح زیبا چیست؟

انسان‌ها ذاتاً عاشق زیبایی هستند و یکی از چیزهایی که ما را زیبا می‌کند، داشتن روحی زیباست. آنچه باعث درخشندگی روح ما می‌شود، درستکاری، راستگویی، مهربانی، هوش، شادی، احترام و صداقت است. انسان‌هایی که روحی زیبا دارند، احساس آرامش و امنیت خاصی به دیگران می‌دهند. فیلسوفان باستان روح را جوهری جداگونه از بدن می‌دانستند که به انسان فردیت می‌بخشد.

انسان موجود پیچیده‌ای است. اگر بخواهیم رشد کنیم و به کمال برسیم، باید به همه اجزاء خود توجه داشته باشیم. برخی فقط به کمال و پرورش جسم خود می‌پردازند؛ برخی فقط به کمال روح خود توجه دارند؛ و برخی نیز همه چیز را ذهن می‌دانند. در صورتی که ما برای رشد و کمال، به همه آن چیزهایی که خالق به ما عطا کرده نیاز داریم. زیرا آن‌ها ارتباط تنگاتنگی با یکدیگر دارند و باید به نگهداری، رشد و پرورش همه آن‌ها توجه داشت.

اهمیت روح زیبا

برای داشتن روحی زیبا، نیازمند یک زندگی معنوی هستیم. معنویت به یک حقیقت غیرمادی اشاره دارد. راهی درونی که شخص را قادر به کشف

عمیق‌ترین ارزش‌ها، معنای زندگی و جهان هستی می‌سازد. در زندگی معنوی ما می‌خواهیم به جایی برسیم که خود را با عالم هستی یکی بدانیم و دیگران و همه چیز را با خود و در خود ببینیم. در نهایت ما در جهان هستی با همه چیز یکی هستیم و در گردش و تعامل و هماهنگی با هم به سر می‌بریم، مانند کار کردن سیستم داخلی بدن ما. در عین حال که هر عضوی جداگانه و به‌تنهایی کار می‌کند، بد یا کم‌کاری یک عضو روی بقیه تأثیر می‌گذارد.

> **به صورت کلی هدف از تمام ادیان و مکاتب عرفانی معنا بخشیدن به زندگی انسان است.**

معنویت کمک می‌کند به معنا و هدف اصلی دست یابیم که همان رسالت ما در جهان هستی است. ما نه تنها باید آن را کشف کنیم، بلکه باید آن را در خدمت نظام آفرینش و انسان‌های دیگر نیز قرار دهیم. پیدا کردن معنا و هدف ما در زندگی بسیار حائز اهمیت است. زیرا انسان‌های دچار بی‌معنایی مانند گمشده‌هایی هستند که دائماً افسردگی، پوچی و بی‌هدفی را تجربه می‌کنند. باید بدانیم زندگی معنای بسیار ارزشمندتری دارد، نسبت به آنچه اکثر ما فکر می‌کنیم.

داشتن زندگی معنوی شما را به شادی و آرامش می‌رساند، چیزی که همه به‌دنبال آن هستیم. زیرا آنچه به انسان قدرت حرکت می‌دهد و باعث شادی، شعف و رضایتمندی او می‌گردد، این است که بداند به سمت یک حقیقت و کمال بی‌نهایت در حال حرکت است.

هر چقدر سطح آگاهی معنوی فرد بالاتر می‌رود، از جنگ و درگیری دوری

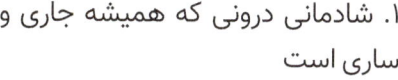
می‌کند و خواهان صلح و آرامش می‌شود. این افراد قوانین جهان هستی را می‌دانند و به‌راحتی از آن‌ها استفاده می‌کنند. آنان بین ذات طبیعی خود و زندگی مدرن تعادل برقرار می‌سازند و با اینکه منابع و امکانات فراوانی در اختیار دارند، به‌اندازه رفع نیاز خود از آن‌ها استفاده می‌کنند.

آیا در مسیر روحی زیبا هستیم؟

بزرگ‌ترین نشانه‌هایی که به ما می‌گویند در مسیر یک زندگی معنوی هستیم، عبارت است از:

۱. شادمانی درونی که همیشه جاری و ساری است

۲. برخورداری از آرامش پایدار درونی

۳. خدمت و دلسوزی عمیق نسبت به بشریت

۴. خدمت و دلسوزی صادقانه نسبت به جهان هستی

۵. رضایتمندی و امید در زندگی

۶. تفکر عمیق و دید زیبا به زندگی

۷. همراه با آگاهی از حضور چالش‌ها، زندگی را زیباتر دیدن

۸. داشتن یک زندگی و الگوی رفتاری اصیل (اورجینال)

۹. حس رهایی، آزادی و فارغ بودن از وابستگی‌ها

۱۰. عشقی بی‌انتها و بدون چشمداشت و توقع

۱۱. عدم خودمحوری و رهایی از ایگو

۱۲. درک عمیق و واضح از نظام هستی

۱۳. دوری از جنگ و گرایش به صلح

۱۴. شناختن نشانه‌ها

گفتگو در خلوت

به سؤالات زیر پاسخ دهید. اکنون به خودتان نگاه کنید! اگر همه یا برخی از این مشخصات را در خود احساس می‌کنید، در مسیر درستی قرار دارید. اگر هم این احساس را ندارید، هیچ اشکالی ندارد! همین که با خودتان صادق هستید، نشانه بسیار خوبی است. فراموش نکنید! پاسخ به این سؤالات را برای خودتان یادداشت کنید تا در پایان کتاب، نقشه راهی برای زندگی خود داشته باشید.

۱. به نظر شما، روح زیبا چه مشخصاتی دارد؟

....

....

....

۲. داشتن روحی زیبا چقدر برای شما اهمیت دارد و چرا؟

....

....

....

❊ رازهای یک روح زیبا

علاوه‌بر ویژگی‌های گفته شده، شما می‌توانید با دانستن رازهای یك روح زیبا، و عمل کردن به آن‌ها روحی زیبا برای خودتان بسازید. بنابراین بخش زیادی از موضوع کاملاً اکتسابی و دست خودتان است.

❊ عاشقانه زندگی کنید

یکی از اولین و مهم‌ترین قدم‌ها در مسیر داشتن روح زیبا، این است که عاشق شوید. بله درست است! عاشق خودتان و عاشق کل جهان هستی شوید! عشق عنصر حیات است. خداوند زمانی که عاشق شد، از عصاره عشق بی‌قید و شرط خود، جهان هستی را آفرید و تکه‌ای از وجود خود را در انسان گذاشت. بنابراین ما انسان‌ها عصاره‌ای از عشق خداوندی هستیم.

عشق ورزیدن، حالت وجودی هر انسان است. اگر این را بدانیم که در واقع همه ما با یکدیگر، با آفریدگار و با تمام ذات جهان هستی یکی هستیم، در این صورت عشق خالص و بی‌قید و شرط را به معنای واقعی تجربه می‌کنیم و دوباره به عشق خالص تبدیل می‌شویم.

> حضرت سعدی می‌فرماید:
> به جهان خرم از آنم که جهان خرم ازوست
> عاشقم بر همه عالم که همه عالم ازوست

شما اول باید عاشق خودتان شوید، چون وجود شما از عصاره روح خالق هستی است. بعد که از آن لبریز شدید، عشق شما پیرامونتان و جهان

هستی را در بر می‌گیرد. وسعت و خلوص عشق شما میزان زیبایی، درخشش و جاذبه حقیقی‌تان را آشکار خواهد کرد.

❋ به زندگی خود معنا دهید

> «پیدا کردن معنا در زندگی، کار چندان دشواری نیست. اما دشوارتر از یک زندگی بی‌احساس و بی‌معنی است!» (جونیتا گومز)

هر شخصی برای اینکه احساس شادی، خوشبختی و مفید بودن کند، احتیاج به معنایی در زندگی خود دارد تا در او شور و اشتیاق درونی ایجاد نماید. دلیلی برای زندگی، دلیلی که هر روز صبح به خاطر آن چشم به جهان باز کنیم و به آفتاب درود دوباره بگوییم. در واقع، معنای زندگی هدف یا رسالتی است که برای تحقق آن پا به زمین گذاشته‌ایم و برای هر شخصی در دنیا متفاوت است. این معنا و رسالت، فقط و فقط برای شماست و نه هیچ‌کس دیگر. این دلیل و معنای زندگی، چیزی است که جهان به آن نیاز دارد و ما در واقع به نیاز جهان پاسخ می‌دهیم. به عبارت دیگر، این مأموریت ما در جهان است.

> «همین که هر روز با تو رؤیا می‌بینم و شب‌ها با تو بیدار می‌شوم، همین دلیل برای زیستن کافی است!»

❈ اگر «ایکیگای» ندارید، مرده‌اید!

همان طور که می‌بینید، اینجا فقط پای مفهوم عشق و علاقه در میان نیست. بلکه هر چیزی مورد نظر است که شما صبح به خاطر آن از خواب بیدار می‌شوید. در فرهنگ ژاپنی کلمه‌ای وجود دارد که بسیار شگفت‌انگیز است: «ایکیگای» که معنایش این است: «دلیلی که صبح‌ها برای آن برمی‌خیزم. دلیلی برای زندگی و زنده بودن!»

به خودتان نگاه کنید! چرا امروز از خواب بیدار شدید؟ دلیلش را پیدا کنید، برایش راه بروید، نفس بکشید و زندگی کنید.

من هزار «ایکیگای» دارم. شما چطور؟

ایکیگای می‌تواند به عشق شما، مهارت شما، علاقه‌های شما، شغل شما، درآمد شما، مأموریت‌های شما و تخصص‌های شما مربوط باشد؛ اما نکته عجیبی در این کلمه وجود دارد، این است: **آنچه دنیا از من می‌خواهد!** و این، دلیل بیدار شدنِ ماست. این، راز طول عمر ژاپنی‌هاست!

> «زندگی بدون معناست، شما به آن معنا می‌بخشید. پس معنای واقعی زندگی، همان چیزی است که خودتان به آن نسبت می‌دهید.» (ژوزف کمپل)

❈ داستانک

کریستین یکی از مراجعه کنندگانم بود. روز اولی که برای مشاوره پیشم آمد، به من گفت: «نمی‌دانم چرا خوشحال نیستم و تمرکز روی کارهایم ندارم؟! انگار ذوقم را برای زندگی از دست داده‌ام!» خُب، اولش برایم

سخت بود بفهمم چرا او این احساس را دارد؟! او جوان بود، زیبا بود، شغل خوبی داشت، و مشکل خاصی هم نداشت.

جلسه بعد، ضمن صحبت‌هایش اشاره کرد: «صبح‌ها زیاد می‌خوابم. دلم نمی‌خواهد از خواب بیدار شوم و از رختخواب بیرون بیایم! آن‌قدر که همه جور بهانه‌ای برای دیر بیدار شدن پیدا می‌کند.» او تمام روز انرژی کافی برای انجام کارهایش نداشت و پیشرفتی در کارهایش نمی‌دید. البته قیافه، فرم بدن و طرز حرف زدن او هم همین را نشان می‌داد. بی حوصلگی کامل!

فهمیدم که او ایکیگای خودش را گم کرده است، زیرا نمی‌دانست چرا باید صبح‌ها از خواب بیدار شود. برای همین در کارهایش در جا می‌زد و خلاقیتش را از دست داده بود. خُب، باید می‌گشتیم و ایکیگای او، یا دلیلش را برای زندگی پیدا می‌کردیم.

بالاخره در جریان جلسات متوجه شدم درست است که او کار خوبی دارد، ولی آن را فقط به‌عنوان کار انجام می‌دهد و علاقه و اشتیاقی نسبت به کارش ندارد. از او سؤال کردم: «آیا به کار دیگری علاقه داری؟» گفت: «نمی‌دانم، من تمام عمرم فقط همین کار را داشتم! نمی‌دانم چه کار دیگری را می‌توانم دوست داشته باشم!»

خلاصه چندین جلسه طول کشید و با کلی سؤال و جستجو بالاخره فهمیدم او عاشق درس دادن است. وقتی این صحبت به میان آمد، ناگهان چشمانش برق زد! وقتی او خودش را به‌عنوان یك معلم و مربی تصور می‌کرد، کلی خوشحال می‌شد و می‌توانستم شادی و هیجان را در چشمانش ببینم.

برای اینکه مطمئن شوم واقعاً همین‌طور است، باید مدتی با هم صحبت می‌کردیم و جهت‌های مختلف کار را چک می‌کردیم. هر چه جلوتر می‌رفتیم، مطمئن‌تر می‌شدیم که این همان چیزی است که او دنبالش می‌گشت. حتی بلافاصله درباره آن کلی ایده‌های خلاقانه هم به نظرش می‌رسید!

حالا دیگه هر روز صبح با من تماس می‌گرفت که از شوق زیاد خوابش نمی‌برد و مشغول طراحی برنامه‌های جدید زندگی‌اش است. در واقع او شوقش را شغلش کرد. و این همان ایکیگای او بود!

گفتگو در خلوت

اکنون به سؤالات زیر پاسخ دهید.

۱. ایکیگای شما چیست؟ آیا اصلاً ایکیگای دارید؟

....

....

....

۲. آیا به این فکر کرده‌اید که چند تا ایکیگای دارید؟ آن‌ها را بنویسید.

....

....

....

سفیر وجودت را آراسته نگه دار!

وقتی از زیبایی معنوی سخن می‌گوییم، به این معنا نیست که جسم خود رها کنیم و هیچ توجهی به آن نداشته باشیم. بلکه باید به جایگاهی که روح ما در آن قرار گرفته تا از طریق آن تجربه شگفت‌انگیز زندگی زمینی را انجام دهیم، توجه ویژه‌ای داشته باشیم؛ نسبت به آن بسیار سپاسگزار و قدردان باشیم؛ و با احترام ویژه‌ای با آن برخورد کنیم. بله، جسم ما سفیری است که روح در آن قرار گرفته است. بدون وجود این سفیر، ما امکان تجربیات زیبای زندگی زمینی را نداشتیم. علاوه‌بر این، جسم ما نیز مخلوق خالق است، پس بسیار حائز اهمیت است.

البته همیشه به یاد داشته باشید که ما فقط جسممان نیستیم. بلکه جسم، فقط ابزاری است که از جانب خالق به ما هدیه داده شده است. پس به این سفیر احترام بگذارید؛ آن را سالم و پاکیزه نگه دارید؛ و از آن به‌خوبی مراقب کنید.

هر غذایی نخورید. سر وقت بخوابید. حمام کنید و آراسته باشید. لباس‌های برازنده و در عین حال راحت و تمیز بپوشید. ورزش کنید. یوگا و مدیتیشن کنید. از جسم خود سپاسگزار باشید. جسم خود را دوست بدارید. جسم خود را مراقبت و نوازش کنید. به جسم خود احترام بگذارید.

در عین حال فراموش نکنید بدن ما روزانه در حال فرسوده و پیر شدن است. اما هویت ما، جسم ما نیست. بلکه روح ما که در این جسم ساکن است، حقیقت والا و متعالی ماست. این را بدانید! هم‌هویت شدن با جسم، باعث رنج ما می‌شود. زیرا جسم و ظاهر بیشتر ما، شبیه آنچه در معیارهای اجتماعی و فرهنگی برایمان تعریف کرده‌اند، نیست! این باعث

سرخوردگی و افسردگی ما، و جاری شدن میلیاردها دلار ثروت به جیب صنعت مد و زیباسازی چهره و بدن می‌گردد.

البته همین جا بگویم که من با استفاده از علم و تکنولوژی برای زیباسازی مخالف نیستم و رسیدگی و مراقبت‌های زیبایی را به طور کلی منع نمی‌کنم. بلکه حرف من این است که این موارد را دغدغه اصلی و اولویت زندگی خود قرار ندهید! خودتان را به جسم خود خلاصه نکنید! دلخوشی شما به زیبایی چهره و بدنتان، موقتی و گذراست. زیرا گذشت زمان و پدیده کهنسالی اندام و چهره شما را تغییر خواهد کرد. اما شما هر طور که باشید، زیباترین شاهکار دست هنرمندانه خالق هستید! با داشتن این آگاهی، شما شادی و آرامش پایداری را تجربه خواهید کرد.

> «در ظاهر خود جستجو نکنید، بهشت در درون شماست!» (مری کوک)

به ندای قلبتان گوش دهید

ندای قلب یا شهود همان چیزی است که چون با منطق ما جور درنمی‌آید، اکثر اوقات آن را سرکوب می‌کنیم. در حالی که قلب ما، قطب‌نما و راهنمای طبیعی ماست. لطفاً به آن اعتماد کنید!

همیشه فقط خودت باش، همین!

خداوند بسیار هنرمند است و به زیباترین شاهکارش که شما هستید، نقشی منحصر به فرد زده است. بنابراین از شما، هیچ نسخه دیگری وجود

ندارد و این منحصر به فرد بودن، شما را زیباتر می‌کند. شما به صورت اختصاصی زیبا هستید و تنها نسخه شاهکار خالق هستی در جهان هستید. پس همه ما از زیبایی منحصر به فرد و ویژگی‌های فوق‌العاده‌ای برخوردار هستیم که باید به آن خوب توجه کنیم.

به شاهکار هستی دست نزنید! همان گونه که هستید، زیبایید! پس فقط خودتان باشید!

نقابتان را بردارید! نقاب‌هایی که معیارهای اجتماعی به چهره‌تان زده‌اند. خودِ واقعی‌تان باشید! و بدانید این قشنگ‌ترین نقشی است که می‌توانید در این زندگی ایفا کنید. توجهتان را صرفاً از بعد مادی و اجتماعی‌تان بردارید تا احساس نقصان و رنج نکنید. اگر خود واقعی‌تان را پذیرا باشید، به مرور زمان زیبایی منحصر به فرد خود را کشف خواهید کرد. زیرا در خودِ واقعی شما نور انسانیت که از نور خالق است، شروع به درخشیدن می‌کند و این درخشش دیگران را شگفت‌زده خواهد کرد. راز زیبایی همین است! در حقیقت ما در سیاره زمین شکوه، جلال و زیبایی او را به نمایش می‌گذاریم.

❋ سادگی شما، زیبایی شما

> افلاطون می‌گوید: «زیبایی در سادگی است.»

این جمله در عین سادگی، بسیار پر معناست. زیبایی ما که برگرفته از ذات خالق است، یک زیبایی منحصر به فرد است که برای ما کافی است!

پس بیایید با خودمان و دیگران صادق باشیم و خود را آن‌طور که هستیم، دوست داشته باشیم و نشان دهیم.

❋ سادگی، تمرین آزادی است.

تحقیقات نشان می‌دهد: هر دروغ، درون ما موجب آسیب به ۳۲ نقطه از بدن می‌شود. تلاش ما برای مخفی کردن خود واقعی‌مان و بازی کردن نقش بدل، انرژی بسیار زیادی از ما می‌گیرد و آسیب روحی زیادی به وجودمان وارد می‌کند. پنهان کردن خود واقعی، نشان از ترس عمیق در وجود ماست، زیرا نگران پذیرفته نشدن از سوی اطرافیان هستیم. بیشترین چیزی که این روزها در ما استرس ایجاد می‌کند، آن است که سعی می‌کنیم چیزی را که نیستیم به نمایش بگذاریم.

اکثریت قریب به اتفاق جامعه، در حال پنهان کردن حداقل نیمی از خود هستند. این موضوع را می‌توان به‌راحتی از پست‌هایی که در شبکه‌های اجتماعی منتشر می‌شود، فهمید. پست‌هایی درباره: روزهای قشنگ، تفریحات، میزهای شام و رستوران‌ها.

❋ نشان دادن حقیقت، شجاعت می‌خواهد!

بهتر است صادق نبودن خود را توجیه نکنیم! اگر شجاعت داشته باشیم و با خودمان و دیگران صادق و رو راست باشیم، حقیقت را نشان می‌دهیم. این کار منفعت زیادی برای ما دارد. زیرا با سادگی، صداقت و شجاعت می‌توانیم شادی و آرامش را به زندگی‌مان دعوت کنیم. در این حالت، زیبایی حقیقی را از خود ساطع می‌کنیم که جذابیت ما را چندین برابر می‌کند.

> **سِر والتر اسکات می گوید: «تلاش برای فریبِ دیگران، مانند تار تنیدن به دور خودمان است!»**

معجزه سپاسگزاری روزانه

اکنون برویم سراغ شاه‌کلید رسیدن به تمام آرزوها ! یکی از ساده‌ترین و قدرتمندترین روش‌های معجزه در زندگی، سپاسگزاری عاشقانه و آگاهانه روزانه است. سپاسگزاری، قوی‌ترین ارتعاش در جهان هستی است و در عین حال، یکی از ساده‌ترین و قدرتمندترین روش‌ها برای جذب تمام اتفاقات خوب است. بنابراین باید از جهان هستی برای تمام چیزهایی که در زندگی داریم، سپاسگزاری کنیم!

از قدرت کلام هر چه بگوییم، کم است. اگر ما از قدرت کلام خود آگاه باشیم، بسیار مراقب استفاده کردن از کلمات خواهیم بود و شاید بیشترین زمان عمرمان را در سکوت به سر ببریم. زیرا کلمات از ارتعاش خاصی برخوردار هستند و زمانی که کلمه‌ای بر زبان جاری می‌شود، انرژی‌ای از خود ساطع می‌کند که طبق قوانین فیزیک هرگز از بین نمی‌رود. کلمات سپاسگزاری، از ارتعاش بیشتری نسبت به کلمات دیگر برخورد هستند و ما با فرستادن این ارتعاشات به کائنات باعث جذب مستقیم آن‌ها می‌شویم.

معمولاً یکی از اولین قوانینی که در اکثر جلسات مشاوره‌ام با مراجعه‌کنندگان کار می‌کنم، همین قانون بسیار ساده و کلیدی سپاسگزاری است که نتیجه معجزه‌آسای آن باعث شادی و سرعت در کار

می‌شود. در زمان سپاسگزاری، تمام توجه ما روی موضوعات مثبت زندگی است. یعنی تغییر جهت یا فرکانس که خودبه‌خود طبق قانون جذب باعث جذب خواسته‌های خوب می‌شود.

در اینجا من استفاده از قانون جذب را بسیار ساده و مختصر توضیح دادم. اگر مایل باشید با قانون جذب بیشتر آشنا شوید، کتاب‌ها، مقالات و فیلم‌های بسیار زیادی را در اینترنت و کتاب‌فروشی‌ها خواهید یافت. هر چقدر شما آگاهانه و عاشقانه سپاسگزار باشید، خواسته‌های خود را بیشتر و بهتر جذب خواهید کرد.

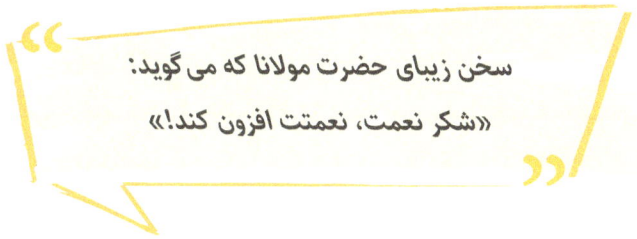

سخن زیبای حضرت مولانا که می گوید:
«شکر نعمت، نعمتت افزون کند!»

یکی از پیشنهادهای همیشگی من به مراجعه‌کنندگان این است: یک دفترچه زیبای سپاسگزاری تهیه کنید و روزانه در آن برای هر آنچه که دارید سپاسگزاری کنید! به صورت معجزه‌آسایی خواهید دید هر روز که می‌گذرد، چیزهای جدیدتری را ثبت می‌کنید و دیدگاه شما نسبت به دارایی‌های خودتان بیشتر می‌شود و تغییر فرکانس می‌دهید.

البته سپاسگزاری برای اثرگذاری بهتر، تکنیک‌های خاص خود را دارد که در کتاب‌ها و مقالات دیگری به آن خواهیم پرداخت. بهتر است پنج دقیقه در آغاز روز با کائنات ارتباط کامل برقرار کنید، سپاسگزاری نمایید و روزتان را عالی بسازید.

❧ چند مثال آسان و ساده

خدایا سپاسگزارم برای اینکه یک بار دیگر طلوع خورشیدت را می‌بینم!

خدایا سپاسگزارم از اینکه چشمانم روز دیگری را می‌بینند!

خدایا سپاسگزارم از اینکه قدرت نفس کشیدن دارم!

خدایا سپاسگزارم برای سلامتی!

خدایا سپاسگزارم برای خانه و خانواده گرمم!

خدایا سپاسگزارم از حضور پر مهر تو در زندگی‌ام!

خدایا سپاسگزارم برای اینکه دندان‌هایی برای مسواک زدن دارم!

خدایا سپاسگزارم از اینکه زیر سقفی هستم و در رختخواب گرمی خوابیدم!

خدایا سپاسگزارم برای اینکه امروز انسان‌های نیک و فرشتگانت را سر راه من قرار می‌دهی!

بله، پیشاپیش سپاسگزاری کردن یک تکنیک بسیار عالی است که نباید از آن غافل شویم.

گفتگو در خلوت

۱. خوب فکر کنید!

شما امروز برای چه چیزهایی سپاسگزار هستید؟ ۵ مورد را بنویسید.

....

....

....

....

....

۲. اکنون شما سپاسگزاری خود را بنویسید و از قدرت جادویی نهفته در نوشتن غافل نشوید!

خدایا سپاسگزارم برای ....

....

خدایا سپاسگزارم برای ....

....

خدایا سپاسگزارم برای ....

....

خدایا مرسی که هستی! ....

....

☑ **معرفی کتاب**

به شما توصیه می‌کنم اگر علاقه‌مند به بحث سپاسگزاری هستید، کتاب «قانون شکرگزاری»، خانم راندا برن را حتماً مطالعه کنید که یکی از بهترین کتاب‌ها در این زمینه است.

❊ برقص، بخند و شادی را زندگی کن

ترس، نگرانی و غم از عدم اطمینان است، و این عدم اطمینان، جلوی شادی شما را می‌گیرد. اما زمانی که شما خودتان را تجلی نور خداوند می‌بینید و خود را با او و تمام جهان هستی و کائنات یکی می‌دانید، ترس و نگرانی‌تان تبدیل به ایمان می‌شود و شادی در زندگی شما به صورت طبیعی و غیرارادی جاری می‌گردد.

فراموش نکنید! شما موجودی مادی نیستید که در این جهان هستی به‌دنبال تجربه‌های معنوی باشید.

بلکه شما موجودی معنوی در حال تجربه و تکامل هستید که در جسم مادی قرار گرفته‌اید.

اگر شما باور واقعی داشته باشید، ترس و نگرانی ندارید. بیشتر ما فراموش کرده‌ایم که خالق ما را شاد آفریده، و شادی حالت بسیار طبیعی یک روح است که برای تکامل، سفر زمینی خود را آغاز کرده است. آیا شما در سفر خوشحال نیستید؟! سفری را به خاطر بیاورید یا تصور کنید که شما دست در دست پدر و مادر خود یا همراه دوستان و خانواده‌تان رفته‌اید. اطمینان دارید که دستان شما در دست پدر و مادر است و کنار عزیزانتان در امنیت مشغول بازی، شادی و سرور هستید.

به جهان هستی اعتماد داشته باشید. ترس از ایمان نیست، پس با ترس زندگی نکنید!

خالق همان نقش پدر و مادر را دارد که ما با اطمینان و اعتماد دست او را گرفته‌ایم. پس سعی کنید در پسِ دغدغه‌های زندگی، با لبخندی سرور و شادی کنید و از این سفر لذت ببرید! بخندید که خنده بر هر درد بی‌درمان دواست! جالب اینکه تحقیقات هم این موضوع را ثابت کرده‌اند. در ضمن خنده اثر بسیار معجزه‌آسایی در زیبایی چهره شما دارد و شما را جذاب‌تر می‌کند. خنده شما، نقش رضایتمندی را در ضمیر ناخودآگاهتان حك و ثبت می‌نماید و اتفاقات خوب را به زندگی شما جذب می‌کند.

«زندگی، داستان شاه و پریان است. پس با شگفتی و لذت زندگی کنید!» (ولوین ویلتون کاتز)

آرامش خود را فراموش نکنید

وقتی شما با این آگاهی زندگی می‌کنید که به ذات خالق وصل هستید، هیچ رخدادی نمی‌تواند آرامش شما را به هم بزند. زیرا شما به طرح شگفت‌انگیز او در زندگی‌تان خودآگاه هستید و کاملاً ایمان دارید. پس صبور و آرام باشید و اجازه بدهید خداوند نقش‌های زیبای خودش را در زندگی‌تان پیاده کند. با این آگاهی شما آرامش حقیقی، عمیق و پایداری را در وجود خود تجربه خواهید کرد. آرامشی درونی که نتیجه ایمان واقعی

به حضور جاودانه و دائمی خالق در زندگی شماست. بدون داشتن این آگاهی، ترس‌ها و نگرانی‌ها جایگزین آرامش در زندگی ما می‌شوند.

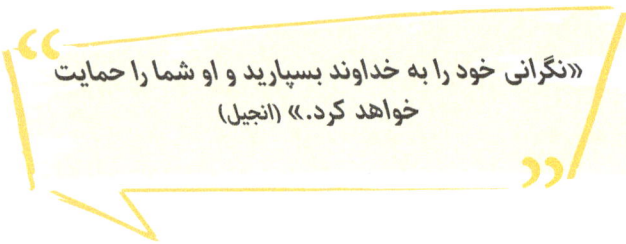

«نگرانی خود را به خداوند بسپارید و او شما را حمایت خواهد کرد.» (انجیل)

پس هر جا دچار احساس اضطراب و نگرانی شدید، با تمرکز به یاد و حضور او در کنار خودتان آرامشتان را بازخواهید یافت. آن وقت با آرامش می‌توانید بهترین تصمیمات را در زندگی‌تان بگیرید.

❋ کمی مهربان‌تر باشیم

«از محبت، خارها گل می‌شود.»

حتماً همه شما این جمله را بارها شنیده‌اید. آیا به‌راستی تاکنون آن را تجربه کرده‌اید؟ حتماً امتحان کنید، زیرا معجزه می‌کند! محبت شما را در هر شکل، چهره و اندامی زیباتر می‌کند. محبت از یک عشق درونی ساطع می‌شود و منشأ آن از ذات خالق هستی سرچشمه می‌گیرد. زیرا خالق، عشق خالص و بی‌قید و شرط است. پس اگر ما تجلی نور خالق هستیم، عشق نیز خودبه‌خود در ما جاری است.

بیایید با خود و دیگران کمی مهربان‌تر باشیم! بله با خود و با دیگران. زیرا وقتی محبت جاری می‌شود که اول خودمان را دوست داشته باشیم. بنابراین اولین نفر و نزدیک‌ترین شخص خودت هستی که باید به او محبت کنی. پس به خودت سخت نگیر! هر آنچه هستی و نیستی را دوست بدار، این یک نوع شکرگزاری از خالق هستی است.

این دوست داشتن، به این معنا نیست که کاستی‌های خود را نمی‌بینیم، بلکه آن‌ها را می‌بینیم و به آن‌ها لبخند می‌زنیم. «خودت را دوست بدار» یعنی: اشتباهات خود را ببین و خود را ببخش! به خودت احترام بگذار، به خواسته‌هایت توجه کن و به آن‌ها ارزش بگذار، و در عین حال دچار تکبر و غرور نشو!

وقتی عشق و محبت را در خودت جاری کردی و آگاهی که همه جهان هستی در توست و تو در همه جهان هستی، جاری هستی، ناخودآگاه به همه محبت و احترام می‌گذاری. چون همه را از خود می‌دانی!

ای رفیق، خوش بدرخشی که تجلی نور خالق روی زمین هستی! و بدان هر آنچه او دارد، ذره‌ای از آن را درون تو گذاشته است. زیرا هر یك از ما انسان‌ها، جانشین خداوند روی زمین هستیم. پس با خلق جهان آن‌گونه باش که خالق با تو است. احترام و محبت به دیگران وجود شما را به‌صورت شگفت‌انگیزی زیبا و جذاب‌تر می‌کند.

❊ در کارهای نیکوکارانه شرکت کنید

در زندگی بخشنده باشید و به دیگران کمک کنید. گاهی شاخه گلی یا یک لبخند ساده، و گاهی یک کلام پر مهر و امیدبخش می‌تواند در زندگی انسانی معجزه کند. لطفاً از این معجزات ساده غافل نشوید!

۱۲۵

«بگذار تو امروز معجزه زندگی انسانی باشی!
شاید امروز خداوند می‌خواهد از طریق وجود نازنین
شما، زندگی انسان دیگری را دگرگون کند.»

روزانه یک کار یا حرکت نیکو در جهت خدمت به جهان هستی به‌صورت داوطلبانه انجام دهید. کاری که از دست شما برمی‌آید، کوچک یا بزرگ فرقی نمی‌کند. مهم انجام دادنش است! در طول ماه یا هفته، روز یا ساعتی را به کارهای بزرگ‌تر اختصاص دهید. مثلاً کارهای نیکو و داوطلبانه در خانه سالمندان، یا محل نگهداری کودکان بی‌سرپرست، بیمارستان‌ها، و یا هر مکانی که به امور نیکوکارانه مشغول هستند.

گفتگو در خلوت

اکنون برای خودتان یادداشت کنید کدام‌یك از رازهای روح زیبا را دارید؟ کدام‌یک از آن‌ها را دوست دارید تقویت کنید؟ (حتی نقطه‌ضعف خود را صادقانه بنویسید. نگران نباشید! کسی قرار نیست یادداشت‌های شما را بخواند. اینجا یا در دفترچه‌ای جداگانه یادداشت کنید و مطمئن باشید نتیجه آن، راهنمای زندگی شما خواهد بود.)

....

....

....

❊ مراقبت از روح

همان طور که شاید بدانید، ما تمرین‌های معنوی بسیاری داریم و من اکنون به یکی از قوی‌ترین آن‌ها اشاره می‌کنم.

☑ مدیتیشن و مراقبه

مدیتیشن یکی از تکنیک‌های بسیار قوی برای شناخت جهان هستی، معنویت و موفقیت در زندگی است. بنابراین سعی کنید هر روز مدیتیشن انجام دهید. مدیتیشن انواع و اقسام مختلفی دارد، اما چند نقطه مشترک در تمام تکنیک‌های آن وجود دارد که عبارت است از:

✓ ذهن آرام

✓ در زمان حال بودن

✓ تغییر در وضعیت آگاهی انسان

ساده‌ترین روش یادگیری مدیتیشن این است که از اینترنت کمک بگیرید. بیش از هزار مدیتیشن می‌توانید در آن پیدا کنید. همچنین کتاب‌های خوب بسیاری در این زمینه به چاپ رسیده است. چند مدیتیشن را امتحان کنید. یکی از آن‌ها را که دوست دارید، انتخاب کنید و آن را گوش دهید. مدت و زمان خاصی را در طول روز برای مدیتیشن خود تعیین کنید. معمولاً ۱۰ تا ۱۵ دقیقه مدیتیشن در روز کافی و نتیجه‌بخش است. بهتر است موقع انجام آن در روز ثابت باشد، مثلاً صبح‌ها به محض بیدار شدن از خواب. اگر هر روز مدیتیشن داشته باشید، روزی خواهد رسید که یاد می‌گیرید در مراقبه زندگی کنید!

☑ یک مدیتیشن بسیار ساده و کوتاه

این یک مدیتیشن یک دقیقه‌ای است که توصیه می‌شود حداقل روزی ۳ بار انجام دهید. هر جا که هستید، برای یک دقیقه دست از فعالیت بکشید. آرام بایستید یا بنشینید و در لحظه حال و اکنون قرار بگیرید. چشم‌هایتان را ببندید و فقط گوش کنید! به صداهای محیط اطرافتان خوب گوش کنید. به‌آرامی نفس‌های عمیق و آگاهانه بکشید و بوهای اطرافتان را خوب حس کنید.

به هیچ‌چیز دیگری فکر نکنید. شما در لحظه حال و اکنون قرار دارید و دیگر هیچ! این حس خوب «به خود آمدن» است! در پایان، برای همین لحظه زیبای اکنون سپاسگزاری کنید!

☑ برای خود یک استاد معنوی انتخاب کنید

یه مثل قدیمی می‌گوید:
«شاگرد که حاضر می‌شود، استاد از راه می‌رسد.»

زمانی که از درون به عطش واقعی یادگیری برسید، استاد خود را خواهید یافت. اما بسیار مراقب باشید که به چه کسی گوش می‌دهید. این روزها برخی با کپی کردن مطالب زود به استادی می‌رسند. برای همین بهتر است پیش از اینکه به‌دنبال استاد باشید، اول خودتان کتاب بخوانید و در کلاس‌ها و سمینارهای خودشناسی شرکت کنید. دقیقاً خودتان را بشناسید و بدانید به‌دنبال چه چیزی می‌گردید.

فراموش نکنید وقتی شما آماده یادگیری باشید، استادان زیادی به هر شکلی خودشان را بر شما آشکار می‌کنند و شما از هر چیز و هر کسی خواهید آموخت.

این را بدانید که:

✓ زندگی خودش یکی از استادان بزرگ ماست.

✓ استاد می‌تواند هر چیز و هر کسی باشد که شما فکرش را هم نمی‌کنید.

✓ استاد می‌تواند گیاهان و گل‌های باغچه یا گلدان شما باشد.

✓ استاد می‌تواند آرامش گربه همسایه‌تان باشد.

✓ استاد می‌تواند کلامی باشد که صبح در حال خرید نان از دهان نانوا می‌شنوید.

✓ استاد می‌تواند صدای یک گنجشک روی درختی باشد یا کلام کودکی در کوچه!

❋ سخنی با شما

در زندگی معنوی قوانین و رازهای بسیار زیادی وجود دارد که در اینجا فقط به بخش کوچکی از آن‌ها برای آشنایی شما اشاره کردیم. اگر بخواهیم راجع‌به رازها و قوانین زندگی معنوی مفصل صحبت کنیم، می‌توانیم کتاب‌های متعددی بنویسیم.

اما در مورد تمرینات و روش‌ها، موارد بسیار زیاد و متنوعی در مراحل مختلف ارائه شده است. وقتی به آن‌ها نگاه می‌کنید، شاید به نظرتان بسیار زیاد و یا دشوار باشد. معمولاً در جلسات آموزشی و سمینارها، تمریناتی به صورت هفتگی به اشخاص داده می‌شود. در جلسات بعدی

روند تمرینات پیگیری خواهد شد، به پرسش‌های افراد پاسخ داده می‌شود و مربی کمک می‌کند روند تمرینات به‌درستی و به‌راحتی قابل انجام باشد.

من اینجا به طور خلاصه به این مطالب اشاره می‌کنم و به تمرینات عملی نمی‌پردازم. زیرا هدف از آوردن آن‌ها در این کتاب صرفاً آشنایی شما با کوچینگ تحول‌آفرین زیبایی است.

☑ معرفی کتاب

اگر علاقه‌مند هستید بیشتر درباره زندگی معنوی بدانید، کتاب‌ها، مقالات و سمینارهای بسیاری در این مورد وجود دارد. یکی از کتاب‌های بسیار زیبا، کتاب «هفت قانون معنوی موفقیت» از دیپاک چوپرا است. پیشنهاد می‌کنم حتماً آن را بخوانید.

فصل ششم: جسم زیبا

❊ جسم زیبا چیست؟

> «انسان ذاتاً حس زیبایی‌جویی دارد.»

این بخش از وجودمان را نمی‌توانیم نادیده بگیریم. ولی در عین حال باید بسیار آگاهانه و با اطلاع از اینکه زیبایی واقعاً چیست، به این جهت برویم. ما برای رشد و تکامل روح خودمان نیاز داریم روی سیاره زمین حضور پیدا کنیم و تجربه‌هایی به دست آوریم. برای حضور داشتمان نیاز داریم که روح‌مان در یک جسم فیزیکی ساکن شود. پس جسم ما، سفینه‌ای است که روح در آن ساکن است و برای جابه‌جایی و تجربه کردن زندگی زمینی به آن نیاز داریم. بنابراین نیاز دارد که از آن به‌خوبی مراقبت کنیم. آیا شما از ماشین خود که شما را در سطح شهر جابه‌جا می‌کند و

به مقصد می‌رساند، مراقبت نمی‌کنید؟ آیا به آن بنزین نمی‌زنید؟ آیا آن را به کارواش نمی‌برید؟

زیبایی چیست؟

به‌راستی زیبایی چیست؟ چه کسی زیبایی را برای ما تعریف کرده است؟

از نظر کی و چه کسانی ما زیبا و زشت هستیم؟

از نظر چه قوم و فرهنگی زیبایی ما تعریف شده است؟

تعریف زیبایی در چه زمانی، در چه مکانی، برای چه کسانی و از طرف چه کسانی در دنیا تعریف شده است؟

آیا زیبایی فقط برای زنان تعریف شده است، یا برای مردان نیز تعریفی از زیبایی وجود دارد؟

آیا می‌دانید نشانه زیبایی در کشورهای مختلف دنیا چیست؟

آیا می‌دانید نشانه زیبایی در قرن‌های مختلف چه چیزهایی بوده است؟

آیا تا به حال به عکس‌هایی که در تبلیغات کلینیک‌های زیبایی و دنیای مد استفاده می‌کنند، توجه کرده‌اید؟

آیا می‌دانید که در فروش، اول باید نیاز خرید در افراد ایجاد شود، و سپس کالا و خدمات به آن‌ها عرضه شود؟

آیا عکس‌هایی که در تبلیغات به شما نشان داده می‌شود، مانند: اندام زیبا و لاغر، فرم صورت و مو، و مدل آرایش آن‌ها

این نیاز را در شما ایجاد نمی‌کند که شبیه آن عکس شوید؟

من فقط اکنون و با این سؤالات می‌خواهم شما را از خواب هیپتوتیزمی که در آن فرو رفته‌اید، بیدار کنم.

زیبایی آن چیزی است که شما آن را دوست دارید و احساس بهتری به شما می‌دهد. اول بپذیرید که شما زیباترین شاهکار خلقت هستید و برای بهتر شدن ورژن خودتان تلاش کنید. آگاهانه تصمیم بگیریم و خوشبختی و خوشحالی خودتان را وابسته به هیچ کدام از این شرایط نکنید. کافی است بکوشید جسمی را که روحتان مهمان و ساکن آن است، تمیز، مرتب، سالم و زیبا نگه دارید.

همان طور که در فصل قبل نیز اشاره کردم، نگهداری از جسم، باعث تکامل روح ما نیز می‌شود. البته توضیح مفصل و کامل این موضوع از چارچوب این کتاب خارج است و در کتاب یا مقالات دیگری به آن می‌پردازم. فقط به این نکته مهم توجه کنید که ما برای تکامل خویش نیاز به نگهداری روح، جسم و ذهن خود داریم.

❊ تأثیر جسم زیبا در زندگی

در بخش زیبایی جسم، بیشتر منظورم مراقبت از جسم و رسیدگی به آنچه که داریم است، قبل از انجام هر نوع تغییر و جراحی! بگذارید اول برایتان موضوعی را مشخص کنم! من مخالف عمل زیبایی یا کارهای دیگر زیبایی نیستم. با توجه به اینکه خودم مدت‌ها به عنوان کارشناس پوست و زیبایی در این بخش کار کردم و زیباتر کردن انسان‌ها بخشی از شادی‌های من بوده و هست، پس از سال‌ها دقت و تحقیقات به این نتیجه رسیدم که: بعد از به کار بردن تمام تکنیک‌ها و کارهای زیبایی، اگر حال روحی و ذهنی و سلامت روانی ما مناسب نباشد، باز همچنان احساس نارضایتی در خود خواهیم داشت. در چنین مواردی افراد به‌دنبال راه‌های متفاوتی مانند انواع جراحی‌ها برای تغییرات بیشتر در شکل ظاهری خود هستند و این نارضایتی عمیق ادامه دارد.

من وقتی در پروسه کاری خودم متوجه این جریان شدم که همزمان مشغول تحصیل در رشته کوچینگ و سبک‌های مختلف آن در آمستردام بودم. آنچه مرا به تحصیل در این رشته واداشت، اول علاقه شدید به پیشرفت فردی خودم بود. اما ناگهان پیش از پایان تحصیلاتم این دو قلمرو به‌صورت عجیبی با هم مخلوط شدند و مسیر و سبک کاری جدیدی برایم شکل گرفت. کم‌کم شروع کردم به اضافه کردن جلسات کوچینگ برای توسعه فردی؛ تقویت عزت نفس، اعتماد به نفس و خوددوستی؛ و همچنین آموزش نحوه لباس پوشیدن و اتیکت رفتاری و غیره.

در این پروسه می‌کوشیدم دیدگاه مراجعه‌کننده را درباره خودش، اطرافش و طرز فکرش نسبت به زیبایی خودش تغییر دهم. با این این کار رضایتمندی خاصی در شخص ایجاد می‌شد که دائمی و ماندگار بود. زیرا به تجربه دریافته بودم: وقتی از درون احساس خوبی نسبت به خودمان نداشته باشیم، هر چقدر هم که در ظاهرمان تغییرات ایجاد کنیم، باز راضی نیستیم و این احساس را نیز به دیگران انتقال می‌دهیم. زیبایی، درخشندگی و نور درون ما از احساساتمان ساطع می‌شود. بنابراین ما با هر شکلی می‌توانیم انسان جذابی به نظر برسیم یا نه.

در این بخش از کوچینگ تحول‌آفرین استفاده می‌کردم که البته باید بگویم کار بسیار چالش‌برانگیز و جالبی بود! زیرا راضی کردن انسان‌ها از وجود خودشان یکی از سخت‌ترین کارهای دنیاست و اکثر افراد نسبت خودشان بسیار سخت‌گیر هستند.

حالا متوجه شدید چرا من مخالف تغییرات و جراحی‌های زیبایی نیستم! بلکه آنچه اهمیت دارد، این است که شما آگاهانه تصمیم بگیرید چرا این

کار را می‌خواهید انجام دهید و آیا این کار به شما احساس رضایتمندی می‌بخشد؟

بهتر است همزمان با آموزش دیدن و انجام برخی تمرینات، روح و ذهن خود را قوی کنید و حس خوبی را به خودتان هدیه دهید تا افزایش سن و هیچ اتفاقی نتواند آن را تغییر دهد و از شما بگیرد.

با تمام این تفاسیر، انسان ذاتاً حس زیبایی‌جویی دارد و باید به این نیاز توجه کرد. می‌توانید تلاش برای زیباترسازی خود را از کارهای بسیار ساده آغاز کنید. مثلاً تمیز و آراسته بودن نقش مهمی در حال خوب و زندگی امروزی ما دارد. پاکیزگی و آراستگی، شما را زیباتر می‌کند و حالتان را بهتر می‌سازد.

تأثیر سبک زندگی، تغذیه و ورزش

در این بخش به چگونگی رسیدن به جسمی زیبا می‌پردازیم.

ورزش

برویم سراغ ورزش، چیزی که اکثراً آن را زیاد دوست نداریم! کافی است ورزش کردن را فقط با ۳۰ دقیقه و ۳ بار در هفته شروع کنید. پس از مدت کوتاهی معجزه آن را خواهید دید! بعد می‌توانید روزها و ساعت‌های بیشتری را به برنامه خود اضافه کنید.

همچنین از تأثیرات شگفت‌انگیز یوگا، شنا، پیاده‌روی و رقص غافل نشوید! آن‌ها باعث می‌شوند سلامتی، انرژی و شادابی بیشتری پیدا کنید و پوستتان درخشان و باطراوت شود. معمولاً وقتی به آدم‌های ورزشکار

نگاه می‌کنیم، می‌بینیم بیشتر آن‌ها بسیار جوان‌تر از سنشان به نظر می‌رسند!

☑ غذا خوردن آگاهانه

بر اساس فلسفه کوانتومی، سلامت انسان با ذرات کوانتومی پنهان در مواد غذایی ارتباط دارد. مواد غذایی که ما استفاده می‌کنیم، به‌صورت مستقیم و غیرمستقیم بر جسم، روح و انرژی ماورایی ما تأثیر دارند. همه آن‌ها دارای ارتعاش بالا و ارتعاش پایین هستند. استفاده از مواد غذایی با ارتعاش بالا باعث بالا رفتن سطح ارتعاش ما می‌شود. پس سعی کنید هوشیارانه غذاهای خود را انتخاب کنید.

☑ مواد غذایی حاوی ارتعاش بالا

انواع دمنوش‌ها از گیاهان طبیعی، میوه‌ها و سبزیجات تازه و طبیعی (ارگانیک)، آجیل، برنج قهوه‌ای، عسل، روغن زیتون، ادویه‌جات و نان سبوس‌دار

☑ غذاهایی که سطح انرژی کمتری دارند

شکر و مواد قندی، غذاهای سرخ شده، غذاهایی که با مایکروویو طبخ شده‌اند، کنسروها، مواد غذایی غیرارگانیک و گیاهانی که با استفاده از کودها و سموم شیمیایی پرورش یافته‌اند.

☑ چی بخوریم؟

رژیم غذایی سالم می‌تواند علاوه‌بر پیشگیری از برخی بیماری‌ها، سبب از بین رفتن بسیاری از مشکلات جسمی هم بشود. همچنین احساس

بسیار خوبی را برای شما ایجاد می‌کند، زیرا شما به جسمتان احترام می‌گذارید. من در این باره جمله‌ای دارم:

> «ما سطل آشغال نیستیم که همه چیز را در خودمان بریزیم، پس آگاهانه غذا بخوریم!»

البته من از این جمله هم برای روح و ذهن، و هم برای جسم استفاده می‌کنم.

وقتی صحبت از غذا، تغذیه و رژیم غذایی می‌شود، ما دوست نداریم و از آن فرار می‌کنیم. چرا که بلافاصله این پیام به ذهن ما صادر می‌شود: غذا نخوردن! غذا نخوردن یعنی گرسنگی، و این چیزی است که ما دوست نداریم و ذهنمان بلافاصله آن را پس می‌زند.

در این بخش از کتاب من به هیچ وجه قصد ندارم به شما رژیم غذایی لاغری یا چاقی بدهم. بلکه می‌خواهم با آگاهی کوچک و ساده‌ای راجع‌به غذاها، سبک زندگی و تغذیه شما را تا حدی تغییر دهم. اینکه چگونه آگاهانه غذاهایی را که می‌خورید، انتخاب نمایید و آن را در تمام مراحل زندگی خود به‌صورت یک عادت سالم پیاده کنید. فراموش نکنید که من در این کتاب سعی دارم شما را به انسان زیباتری تبدیل کنم، انسانی که آگاهانه سبک زندگی زیباتر، شادتر و سالم‌تری برای خود انتخاب می‌کند.

رعایت کردن اصول اولیه غذا خوردن

وعده‌های غذایی کوچک و با فاصله کوتاه داشته باشید. به زبان بدن خود گوش دهید. زیرا بزرگ‌ترین راهنمای ما برای تغذیه و انتخاب مواد غذایی است و نیازهایتان را به شما نشان می‌دهد. البته مواظب باشید وسوسه‌های شکم خود را با زبان بدنتان اشتباه نگیرید! همیشه سعی کنید کمی از آنچه نیاز دارید، کمتر بخورید. برای مثال: از هر وعده غذایی خود چند قاشق کمتر بخورید. کم‌کم بدن شما به این اندازه عادت خواهد کرد. البته توصیه می‌کنم اگر واقعاً هوس چیزی را کردید، جلوی خودتان را نگیرید و سعی کنید میزان کمی از آن را نوش‌جان کنید و لذتش را ببرید. به‌شرط آنکه این هوس به کرات تکرار نشود!

کنترل مصرف مواد قندی، غذاهای چرب و سنگین

شکر، این سم سفید را کاملاً از تغذیه روزانه خود حذف کنید. زیرا شکر علاوه‌بر ضررهای بسیاری که دارد، به روند پیری شما نیز سرعت می‌بخشد. غذاهای چرب و سنگین شما را زود خسته می‌کنند. پس بهتر است مصرف آن‌ها را نیز کنترل کنید.

استفاده نکردن یا کمتر استفاده کردن از کربوهیدرات

کربوهیدرات‌ها باعث آرامش معده و رفع احساس خستگی زیاد در ما می‌شوند. اما همه می‌دانیم که رژیم غذایی کم‌کربوهیدرات برای اکثر مردم مناسب است. زیرا کربوهیدرات باعث می‌شود بدن ما آب بیشتری داشته باشد و در نتیجه پف کند. برای اینکه بدنتان پفکی نشود، راه‌حل رژیم غذایی کم‌کربوهیدرات است. یعنی نان، برنج، ماکارونی و سیب‌زمینی

کمتر. زیرا این مواد حاوی نشاسته یا کربوهیدرات بالا هستند و باید مصرف آن‌ها را کنترل کنید.

مصرف انواع سبزیجات

استفاده از انواع سبزیجات تازه برای همه انسان‌ها بسیار مفید است. همیشه بخش بزرگی از بشقاب غذای خود را به سبزیجات اختصاص دهید و معجزه آن را در رنگ و شادابی پوست خود مشاهده کنید. سعی کنید در برنامه غذایی خود تا جای ممکن از سبزیجات غیرنشاسته‌ای استفاده کنید. سبزیجات کم‌کربوهیدرات مانند: گوجه‌فرنگی، لوبیای چینی، مارچوبه، قارچ، نخودفرنگی، شاه بلوط، تربچه، شاخه‌های بامبو، فلفل سیاه و ... .

استفاده حداقل از گوشت

تا جای ممکن، مصرف گوشت قرمز خود را به حداقل برسانید و ترجیحاً از ماهی یا مرغ استفاده کنید.

مصرف چربی‌های مفید به جای مضر

از چربی‌های اشباع نشده و اصطلاحاً خوب و مفید، به‌خصوص دارای اسید چرب امگا ۳ حتماً در وعده‌های غذایی خود استفاده کنید. میزان کربوهیدرات اکثر آن‌ها، صفر است و همچنین داری فواید دیگری برای سلامتی شما هستند. این چربی‌های سالم در موادی مانند: روغن زیتون، روغن کنجد، نارگیل، آووکادو، کره، دانه کتان و گردو وجود دارند.

※ استفاده از میوه‌جات به اندازه کافی

با توجه خواص گوناگون که در میوه‌جات وجود دارد، آن‌ها دارای قند طبیعی هستند و موجب چاقی می‌شوند. پس به اندازه میوه میل کنید.

※ لبنیات پرچرب

لبنیات به‌دلیل داشتن قند طبیعی، اصولاً باید به‌صورت محدود استفاده شوند. البته هر چه پنیر و لبنیات چرب‌تر باشند، دارای کربوهیدرات کمتری هستند. یعنی لبنیات کم‌چرب دارای کربوهیدرات بیشتری هستند.

※ آب، آب اکسیر جوانی و سلامتی

معجزه شگفت‌انگیز نوشیدن آب را دست‌کم نگیرید! بسیار زیاد آب بنوشید و معجزه آن را در سلامت پوست، مو و بدن خود ببینید:

✓ اگر می‌خواهید از شر سردرد راحت بشوید؟ آب بنوشید!

✓ می‌خواهید پوست و موی شفافی داشته باشید؟ آب بنوشید!

✓ می‌خواهید چربی و فشار خون خود را به تعادل برسانید؟ آب بنوشید!

> خلاصه: نوشیدن آب بر هر درد بی‌درمان دواست!

این واقعیت که ۸۰٪ وزن بدن انسان از آب تشکیل شده، به‌خوبی نشان می‌دهد که نیاز داریم به‌قدر کافی آب بنوشیم. حداقل روزی ۲ لیتر آب

بنوشید. اگر نوشیدن آب برایتان سخت است، می‌توانید با افزودن کمی عرقیجات، آن را دلچسب‌تر کنید.

یکی از سؤالات رایج این است که آیا نوشیدن چای، قهوه و آب‌میوه نیز مصرف آب محسوب می‌شود؟ پاسخ این است که خیر، هیچ کدام از این نوشیدنی‌ها را نمی‌توان جزء این ۲ لیتر آب دانست. برخی اعتقاد دارند فقط چای سبز را می‌توان به حساب آورد، و بقیه با این نظر موافق نیستند. من می‌گویم: شما در طول روز به‌راحتی می‌توانید دو لیتر آب بنوشید و دمنوش‌هایی چون چای سبز را جداگانه نوش‌جان کنید.

و نکته مهم پایانی

با توجه به اینکه افراد زیادی با شرایط جسمی، جنسی و سنی مختلف این کتاب را خواهند خواند، پس نمی‌توان رژیم غذایی خاصی را به خوانندگان ارائه داد. اگر به‌دنبال رژیم غذایی مناسبی هستید، باید با پزشک یا متخصص تغذیه مشورت کنید تا تشخیص دهد با توجه به شرایطتان، بهترین روش تغذیه سالم برای شما کدام روش است؟ و بهتر است در روز از کدام غذاها بیشتر یا کمتر استفاده کنید؟

رازهای جسم زیبا

در هر شرایط و با هر سبک زندگی باز هم همیشه می‌توانیم کمی بهتر باشیم و عمل کنیم. در این بخش به برخی از روتین‌های مناسب برای داشتن جسمی زیبا می‌پردازیم:

❊ نگهداری از پوست و مو

یکی از موضوعات مورد علاقه اکثر بانوان، پوست و مو است. با توجه به تجربیات من، اکثر بانوان به‌خصوص در کشورهای شرقی به موهای خود بیشتر از پوست خود اهمیت می‌دهند. افراد معمولاً پوست را به‌راحتی با استفاده از کرم‌های آرایشی پوشش می‌دهند و در واقع روی قضیه را می‌پوشانند، در حالی که پوست و موی شما نیاز به مراقبت و رسیدگی جدی دارد.

> «مراقبت از پوست و مو یک سرمایه‌گذاری طولانی مدت است، پس روی خودتان سرمایه‌گذاری کنید!»(شهلا منیعی)

❊ جاودانه زندگی کنید!

برنامه زیبایی، رژیم غذایی، نحوه لباس پوشیدن و شکل اندام ما با گذر زمان تغییر می‌کند. اما هرگز فراموش نکنید، شما همان فرد سابق هستید! برای مراقبت از خود حتماً نباید بیست ساله باشید. بلکه در هر سنی که هستید، باید با تمام تلاش از خودتان مراقبت کنید و این کار را به‌طور مدام انجام دهید.

❊ مراقبت و روتین پوستی

پوست سالم و شاداب، انرژی خاصی در ما ایجاد می‌کند. اکثر اوقات وقتی در آینه نگاه می‌کنیم، می‌توانیم احساس خستگی یا شادابی را با توجه به رنگ و طراوات و تازگی پوست خود تشخیص دهیم. حتماً تاکنون

بسیاری از این مطالب را شنیده یا خوانده‌اید و از آن‌ها آگاهی دارید. اما آیا آن‌ها را به‌درستی انجام می‌دهید، یا با بی‌علاقگی و بی‌حوصلگی؟

در اینجا هدف من از گفتن این مطالب و توصیه‌ها آن است که سعی کنید این کارها و مراقبت‌ها جزء عادت‌های روتین زندگی‌تان شود. درست مثل مسواک زدن که هیچ بحثی سرش نداریم و همه بدون چون و چرا آن را انجام می‌دهیم و بدون مسواک زدن به رختخواب نمی‌رویم. به عبارت دیگر، ما می‌خواهیم عادت‌سازی آگاهانه داشته باشیم. پس فقط نخوانید، بلکه لطفاً این مراقبت‌ها را انجام دهید. اکنون اگر جدی و با عشق می‌خواهید شروع دوباره‌ای در این زمینه داشته باشید، مطالب زیر را بخوانید:

❈ چند نکته مهم:

۱. از پوست خود در مقابل نور خورشید مراقبت کنید.

لطفاً حمام آفتاب نگیرید. زیرا اشعه آفتاب به پوست شما آسیب می‌زند و روند پیری آن را تسریع می‌کند. حتی در هوای ابری و درون منزل نیز از ضد آفتاب استفاده کنید. از کرم ضد آفتاب حداقل فاکتور Spf ۲۵ استفاده کنید.

۲. آب بنوشید، آب بنوشید و آب بنوشید!

این معجزه ارزان قیمت و در دسترس را فراموش نکنید. آب زیاد بنوشید، زیرا بیشتر پوست بدن از آب تشکیل شده است. برای جلوگیری از خشکی پوستتان و طراوات بخشیدن به آن، آب بسیار بنوشید تا پوستتان همیشه هیدراته بماند. پس نوشیدن ۸ لیوان آب معجزه‌گر را به برنامه زندگی‌تان اضافه کنید و هرگز این عادت رو ترک نکنید. نوشیدن یک لیوان آب همراه

لیموی تازه هر روز صبح باعث پاکسازی روده‌ها، زیبایی پوست شما، و حفظ وزن بدنتان می‌شود.

۳. روزانه از مکمل‌های غذایی و ویتامین‌های مورد نیاز پوست استفاده کنید.

مکمل‌های کلاژن‌ساز و ویتامین‌های:A, B, C, D, E, K .

٤. برای سلامت پوست و جلوگیری از چروك‌های ریز به این نکات توجه کنید.

برای سالم و تمیز نگه داشتن پوستتان و جلوگیری از چروک‌های ریز در صورت خود، از رو بالشتی ابریشمی یا ساتن بسیار نرم استفاده کنید. ملحفه تخت خود را حداقل هفته‌ای یک بار عوض کنید. لطفاً هرگز کرم دور چشمتان را چه در روز، و چه در شب قبل از خواب فراموش نکنید.

دقت کنید موقع خواب رو به پشت بخوابید. زیرا اگر دمر بخوابید، آب دور چشمتان جمع می‌شود و صبح‌ها پف زیر چشم خواهید داشت. اگر به پهلو بخوابید، به هر سمتی که بخوابید در آن طرف صورت خود، چروک‌های بیشتری خواهید داشت.

برای جلوگیری از چروک‌های دور چشم از عینک آفتابی استفاده کنید.

۵. از ماساژ برای سلامت و شادابی بدن و صورت خود استفاده کنید.

از فواید ماساژ هر چه بگوییم، کم است. صورت و گردن خود را به‌صورت هفتگی ماساژ دهید. اگر می‌خواهید صورتی جوان، شاداب و سرحال داشته باشید، روزی حداقل ۱۰ دقیقه فیس یوگا (یوگای صورت) انجام دهید و نتایج معجزه‌آسای آن را خودتان مشاهده کنید. پس از مدت بسیار کوتاهی شما سال‌ها جوان‌تر به نظر خواهید رسید!

۶. از معجزه تنفس آگاهانه، عمیق و شکمی غافل نشوید!

روزانه ۵ تا ۱۰ دقیقه چشمانتان را به‌آرامی ببندید و نفس عمیق بکشید. این کار باعث می‌شود ماهیچه‌های کل بدن شما ریلکس شود و به جوان‌سازی پوستتان کمك می‌کند. تنفس عمیق و شکمی سبب کاهش استرس روزانه می‌شود و حتی کمك می‌کند شکمی صاف داشته باشید.

۷. استرس خود را کنترل کنید و کاهش دهید.

یکی از بزرگ‌ترین دشمنان پوست، استرس است. با مطالعه کتاب، پیاده‌روی، مدیتیشن، آشپزی و گُلکاری با استرس مقابله کنید.

۸. لطفاً سیگار نکشید.

همه این را می‌دانیم که مصرف دخانیات برای سلامتی مضر است و به پوست هم آسیب می‌زند. پس اگر سلامتی خود را دوست دارید، سیگار را کنار بگذارید.

۹. به‌قدر کافی بخوابید.

دیر، بد یا کم خوابی پوست و جسم را زودتر پیر می‌کند. سعی کنید به‌قدر کافی بخوابید و استراحت منظمی داشته باشید.

۱۰. به میزان رطوبت و نوع تهویه محیط توجه کنید.

دستگاه‌های تهویه، کلر و بخاری هم باعث می‌شوند پوست رطوبتش را از دست بدهد. در صورت لزوم، از دستگاه بخور و رطوبت‌ساز داخل منزل استفاده کنید.

۱۱. خوراکی‌های شور کمتر مصرف کنید!

قابل توجه علاقه‌مندان غذاها و تنقلات شور، گاهی ممکن است پوست شما دچار خشکی بیشتری شود. چون سدیم اضافه در رژیم غذایی،

رطوبت پوست را جذب می‌کند و ظاهر پوست، کدر و کم‌آب به نظر می‌رسد. پس حتماً کرم مرطوب‌کننده را فراموش نکنید و شوری کمتری استفاده کنید.

۱۲. مضرات استفاده از گوشی تلفن همراه!

استفاده از تلفن باعث کثیفی پوست و جوش می‌شود. با توجه به اینکه تلفن همراه را در همه جا قرار می‌دهیم، قبل از استفاده از آن با دستمال ضد باکتری تمیزش کنید. در صورت نداشتن این امکان، گوشی را به صورت خود نچسبانید.

۱۳. استفاده کمتر از کافئین!

اگر می‌خواهید جوان بمانید، از کافئین کمتری استفاده کنید.

۱٤. انگولك و دستکاری ممنوع!

لطفاً جوش‌های خود را دستکاری نکنید، زیرا لک و اسکار شدن آن را روی پوستتان دائمی می‌کند.

۱۵. مراقب استفاده از سونا و مومك باشید!

سونای زیاد از حد به کلاژن طبیعی پوست آسیب می‌زند. همچنین مومك بیش از اندازه برای از بین بردن موهای صورت به پوست آسیب می‌زند. فاصله زمانی حداقل سه هفته‌ای را رعایت کنید.

مراقبت روتین روزانه پوست

صبح کارهای زیر را به ترتیب انجام دهید:

- ✓ شستشوی پوست با شیر پاک‌کن یا شوینده مخصوص صورت
- ✓ استفاده کردن از لوسیون برای به تعادل رساندن پوست
- ✓ استفاده از سرم مناسب پوست

✓ استفاده از کرم روز مناسب پوست

✓ استفاده از کرم ضد آفتاب در تمام روزها و ماه‌های سال

❋ مراقبت روتین شبانه پوست

✓ شستشوی صورت با شیر پاک‌کن یا مواد مخصوص شستشوی صورت

✓ کرم شب و دور چشم خود را استفاده کنید.

❋ مراقبت هفتگی از پوست

✓ استفاده از اسکراب پوست (لایه‌برداری) حداقل هفته‌ای یک بار، نه تنها برای از بین بردن لایه‌های مرده پوست ضروری است، بلکه نقش بسیار مهمی در جوان‌سازی پوست و جلوگیری از چروک‌های صورت دارد. پس اگر می‌خواهید صورتی با طراوات و جوان داشته باشید، حتماً هفته‌ای یک بار اسکراب کنید.

✓ بعد از اسکراب، بهترین زمان برای استفاده از ماسک مخصوص صورت است. پس ماسک مخصوص پوست خود را انتخاب کنید و از زدن آن لذت ببرید.

✓ مراقبت از پوست لب: از لب‌های خود با زدن کرم مرطوب‌کننده نگهداری کنید. با هفته‌ای یک بار زدن اسکراب، پوست‌های مرده لب‌های خود را پاکسازی کنید.

❋ مراقبت ماهیانه از پوست صورت

✓ سعی کنید حتماً ماهی یک بار به کلینیک‌های پوستی برای پاکسازی و تراپی‌های تخصصی مراجعه کنید.

مراقبت از پوست دست‌ها

✓ شب‌ها دست و پای خود را با کرم یا روغن‌های درمانی فصلی یا چیزی که در دسترس دارید، ماساژ دهید. این باعث خواب راحت و آرام، جریان خون بهتر، و دست و پای لطیف‌تر خواهد شد.

✓ دست‌ها همانند پوست صورت احتیاج به مراقبت دارند. روزانه به صورت دائمی از کرم دست استفاده کنید.

✓ پیش از خواب و گاهی در روز پوست آرنج و زانوهای خود را خوب چرب و مرطوب کنید.

✓ هفته‌ای یک بار اسکراب برای جلوگیری از خشکی دست‌ها ضروری است.

✓ بیرون از منزل، از کرم ضد آفتاب یا دستکش استفاده کنید.

✓ موقع کار از دستکش استفاده کنید.

مراقبت از پوست پاها

✓ مراقبت از پوست پاها، بسیار شبیه مراقبت از پوست دست‌ها است.

✓ استفاده از کرم به‌صورت مکرر

✓ استفاده از اسکراب هفتگی

✓ سعی کنید هیچ وقت پابرهنه راه نروید.

✓ قبل از پوشیدن جوراب، حتماً کرم مخصوص پا بزنید.

✓ ماهی یک بار برای مراقبت از پاهای خود به سالن پدیکور بروید.

مراقبت از پوست بدن هنگام حمام و پس از آن

- هنگام حمام کردن، کمتر از آب داغ استفاده کنید. در آخر، با دوش آب سرد حمام خود را پایان دهید. فراموش نکنید آب سرد باعث جوان‌سازی پوست می‌شود. اگر آب سرد را دوست ندارید، حداقل در پایان دوش گرفتن روی پاهای خود آب سرد بگیرید.
- هفته‌ای یک بار اسکراب (پاکسازی و لایه‌برداری) را فراموش نکنید.
- برای داشتن بدنی نرم و لطیف، بلافاصله پس از حمام از لوسیون مخصوص بدن یا روغن بچه که چربی بسیاری کمی دارد، استفاده کنید تا از خشکی و چروک شدن پوست بدن خود جلوگیری کنید. پس از آن می‌توانید عطر یا اسپری خوشبوکننده بدن مصرف کنید. زیرا در این زمان ماندگاری عطر شما بسیار زیادتر خواهد بود و در ضمن احساس لذت‌بخش و بسیار خوبی نسبت به خود خواهید داشت.

مراقبت از موها

- لطفاً سر خود را هر روز با شامپو نشویید.
- شامپو را در دست خود بریزید، سپس آهسته ساقه‌های مو را را با لطافت بشویید و بعد آهسته به پوست سر نزدیک شوید و با لطافت کامل آن را بشویید.

- پس از آبکشی کردن، نرم‌کننده مو را فقط به ساقه‌های مو بزنید، کمی مکث کنید و سر خود را به‌خوبی آب بکشید.

- پس از حمام، موهای خود را با حوله کمی خشک کنید و از سرم و کرم‌های مخصوص مو استفاده کنید.

- حداکثر تا جای امکان از سشوار استفاده نکنید.

برای داشتن خنده زیبا باید مراقب دندان‌های خودتان باشید

- حتماً حداقل سالی دو بار به دندان‌پزشکی مراجعه کنید. حداقل دو بار در روز مسواک بزنید. مسواک خود را هر سه یا چهار ماه عوض کنید. حتماً لثه‌های خود را نیز با مسواک به‌نرمی ماساژ دهید با نخ دندان را حداقل روزی یک بار توصیه می‌کنم.

- فراموش نکنید حتی بعد از مسواک هنوز فاصله دندان‌ها کاملاً تمیز نشده است استفاده از دهان‌شویه به سالم ماندن دندان‌ها کمک بسیاری می‌کند. و حداقل دو دقیقه در دهان نگه دارید.

- ترجیحاً قهوه و چای و نوشیدنی‌های شیرین یا رنگ‌دار ننوشید ولی خب اگر نوشیدن لطفا حتما بلافاصله کمی آب بنوشید که مواد رنگی باعث کدری دندان‌هایتان و یا شیرینی آن باعث خرابی دندان‌هایتان نشود.

- اینجا کلاس مراقبت پوستی و دهان و دندان نیست، بلکه فقط چند توصیه ساده بود. برای اینکه خود مراقبتی را با ساده‌ترین روش‌ها شروع کنید و تأثیر آن را در جسم و روح و اعتماد به نفس خود مشاهده کنید.

گفتگو در خلوت

حال از خودتان بپرسید و صادقانه برای خودتان یادداشت کنید. در پایان این کتاب، برای تغییر، به این یادداشت‌ها نیاز خواهید داشت.

۱. آیا توصیه‌های این فصل را خواندید؟

....

۲. کدام‌یك از آن‌ها را تا حالا انجام داده‌اید؟

....

....

....

۳. کدام‌یـك از ایـن کارها برایتـان سـخت اسـت یـا در انجامـش تنبلـی می‌کنیـد؟

....

....

....

۴. از خودتـان بپرسید: چـرا ایـن کار بـرای شـما سـخت اسـت یـا دوسـت نداریـد انجامـش دهیـد؟

....

....

....

۵. اکنون که علت را پیدا کردید، یک راه‌حل نیز برایش پیدا کنید تا برایتان آسان‌تر، راحت‌تر و جذاب‌تر شود. ضمناً هدفتان را از انجام این کار فراموش نکنید!

....

....

....

۶. اکنون هدفتان را بنویسید.

....

....

....

۷. راه‌حل شما چیست؟

....

....

....

۸. اکنون راهکارهای جالب و مناسب خودتان را برای طراوت و زیبایی پوستتان به لیست بالا اضافه کنید و از فردا آن‌ها را هم آگاهانه و عاشقانه انجام دهید.

....

....

....

❋ تأثیرات غذا بر جسم و روح و ذهن

بسیاری افراد می‌پرسند چه بخوریم که حالمان خوب شود؟ در واقع، لازم است بدانید: چه می‌خورید؟ چه زمانی می‌خورید؟ و با چه کیفیتی می‌خورید؟ تا بتوانید حال جسم و روح و ذهن خودتان را بهتر کنید.

> یک ضرب‌المثل انگلیسی می‌گوید: «شما آن چیزی هستید که می‌خورید!»

تحقیقات نشان می‌دهد در واقع غذایی که می‌خوریم، سوخت بدن ماست و انرژی ما از آنجا تأمین می‌شود. غذا به‌صورت باورنکردنی تأثیر مستقیمی روی وضعیت ذهنی، روحی، عاطفی و جسمی ما می‌گذارد. بنابراین:

✓ اگر می‌خواهید هوش و حافظه خود را افزایش دهید؛

✓ اگر می‌خواهید استرس خود را کنترل کنید؛

✓ اگر می‌خواهید حال خوبی داشته باشید؛

✓ برای سلامت روح و روان؛

✓ برای داشتن عمر طولانی؛

✓ و برای رفع احساس خستگی و ...

به نوع غذا خوردن خود توجه کنید و تغذیه سالمی را در پیش بگیرید.

کسانی که در کشورهای شرقی زندگی می‌کنند، از راز غذا آگاهی بیشتری دارند. در طب سنتی در کشورهای ایران، هند و چین برای درمان خود از گیاهان استفاده می‌کردند. اکثر مادربزرگ‌ها در این سرزمین‌ها درباره خواص انواع گیاهان دارویی و نحوه استفاده از آن‌ها اطلاعات خوبی داشتند. امروزه در اکثر کشورهای دنیا نیز توجه خاصی به ارزش استفاده از گیاهان دارند.

❋ یادآوری

من در اینجا نمی‌خواهم درس تغذیه بدهم و از انواع ویتامین‌های موجود در غذاها و گیاهان صحبت کنم. تنها قصد دارم در ارتباط با موضوع این کتاب یادآوری کنم: ما نیاز داریم تا حدودی از خواص مواد غذایی آگاهی داشته باشیم تا حال خودمان را بهتر کنیم. به عبارت دیگر، اگر می‌خواهیم زندگی خودمان را دگرگون کنیم، باید به همه چیز، بله دقیقاً به هر چیزی که به ما ارتباط دارد، با آگاهی و دقت توجه کنیم:

✓ با آگاهی نگاه کنید و ببینید.

✓ با آگاهی چیزهای را که می‌خواهید، بگویید.

✓ با آگاهی چیزهای را که می‌خواهید، بشنوید.

✓ با آگاهی کارهایی را که می‌خواهید، انجام دهید.

✓ و با آگاهی چیزهایی را که می‌خواهید بخورید و بیاشامید، انتخاب کنید.

غذا خوردن نقش مهمی در زندگی انسان‌ها دارد. کلاً غذا خوردن یک عادت آرامش‌بخش و یکی از راه‌های کاهش استرس و بهتر شدن روحیه است. غذا خوردن با خانواده، باعث گرم‌تر شدن روابط خانوادگی و در نتیجه ایجاد آرامش و امنیت می‌شود. حتی اگر تنها زندگی می‌کنید، گاهی دوستان، همکاران یا همسایگان خود را برای صرف غذا به خانه دعوت کنید. به عبارتی تقسیم کردن زمان غذا، حال ما را بهتر می‌کند. با هم آشپزی کنید، با هم غذا بخورید و با هم از این «با هم بودن» لذت ببرید! این امر برای سلامت روان و اجتماعی‌تر شدن بسیار مفید است. شاید باورتان نشود پختن یک کیک بسیار ساده باعث می‌شود شما احساس موفقیت کنید، اعتماد به نفستان افزایش یابد و احساس شادی بیشتری کنید. پس معجزه غذا خوردن را دست‌کم نگیرید!

✅ معرفی کتاب

کتاب‌ها و مطالب بسیاری در این زمینه موجود است که اگر علاقه‌مند هستید توصیه می‌کنم حتماً بخوانید. کتابی با نام «شما آن چیزی هستید که می‌خورید» نوشته: گیلیان مک کیت یکی از این کتاب‌های خوب است که در آن چگونگی داشتن ظاهری شاداب و جذاب، به کمک تغذیه به خوبی توضیح داده است.

آشپزی کردن شکلی از مدیتیشن است

تحقیقات نشان می‌دهد آشپزی ترکیبی از آرامش و چالش است که تأثیرات روان‌شناختی مثبتی بر ذهن انسان دارد. آشپزی کردن، شما و

افکارتان را در زمان حال و اکنون نگه می‌دارد که نوعی مدیتیشن و تمرین بسیار ساده مایندفولنس (ذهن‌آگاهی) است. پس آشپزی را در برنامه خودتان جای دهید و از آن لذت ببرید!

مایندفولنس غذا خوردن را بیاموزید

هنگام غذا خوردن آگاه باشید و با آگاهی تمام، غذا را نوش‌جان کنید! شاید بپرسید: آگاهانه غذا خوردن یعنی چه؟ پیش از شروع غذا خوردن، حتماً مراسم سپاسگزاری خود را انجام دهید و از تمام کسانی که در مسیر رسیدن این غذا به جسم و جان شما در کار بوده‌اند، سپاسگزار باشید. از غذا بخواهید که به جسم شما، جان و نیرویی دهد تا آن را در مسیر خدمت به جهان هستی که آن غذا را به شما داده مصرف کنید. پس از پایان غذا نیز سپاسگزاری را فراموش نکنید!

به خاطر بسپارید! در همین چیزهای به‌ظاهر کوچک رازهایی وجود دارد که دنیای شما و زندگی‌تان را دگرگون می‌کند. به غذایی که می‌خورید، احترام بگذارید و آگاهانه از آن بخواهید که شفای جانتان باشد! یعنی هنگام غذا خوردن توجه کامل به غذا خوردن خود داشته باشید. هنگام غذا خوردن کمی مکث داشته باشید، غذای خود را به‌آرامی و با قاشق‌های کوچک‌کوچک بخورید و خوب بجوید.

غذا را آهسته مزه‌مزه کنید، طوری‌که انگار در حال شناسایی تک‌تک مواد به کار رفته در آن هستید. حتی اگر آشپز آن غذا خود شما باشید! هنگام صرف غذا به تلویزیون یا اخبار بد نگاه نکنید و اصلاً صحبت نکنید. همچنین سعی کنید هنگام غذا خوردن به افکار و اتفاقات روز هم فکر نکنید.

در مورد مایندفولنس غذا خوردن، نکات و تکنیک‌های بسیار زیادی وجود دارد که در کلاس‌ها و جلسات مشاوره حضوری یا آنلاین خودم به صورت کامل به آن‌ها می‌پردازم. در اینجا فقط به چند نکته جهت آگاه شدن شما نسبت به آن اشاره نمودم. اگر علاقه‌مند به آشنایی بیشتری با این سبک هستید، کتاب‌ها و مقالات بسیار زیادی وجود دارد که می‌تواند به شما کمک کند.

❋ آشپزی با عشق و احساسات خوب

بیاموزید که در زمان تهیه غذا با تمام عشق و احساسات خوب آن را آماده کنید تا اثربخش‌تر باشد. آیا تا حالا به این موضوع دقت کرده‌اید که چرا غذای مادران متفاوت است و انرژی دیگری به بچه‌ها می‌دهد؟ یا چرا وقتی مریض هستید، با خوردن سوپ ساده‌ای که کسی آن را با عشق و به هدف شفای شما درست کرده، حالتان بهتر می‌شود؟

در مذاهب مختلف غذاهایی را که با نیت خاصی تهیه کرده‌اند، به عنوان نذری به مردم می‌دهند. زیرا مواد غذایی تمام انرژی احساسات شما را به خود جذب می‌کنند. هنگام تهیه غذاها تصور کنید تمام آن‌ها با خود قدرت شفا و درمان دارند و هنگامی‌که جذب بدن می‌شوند، قادرند انرژی‌های مثبتی را که شما به آن‌ها داده‌اید، به جسمتان انتقال دهند. بله، غذاها قدرت جذب احساسات شما را دارند. پس بهترین احساساتی را که می‌خواهید دریافت کنید، به آن‌ها بدهید.

تحقیقات علمی نشان داده است: گیاهان و میوه‌ها حتی در زمان کاشت آن‌ها و در طول رشدشان، تمام افکار، عشق و توجه شما را در حافظه خود ثبت می‌کنند و همان‌ها را به بدن شما منتقل می‌کنند. برای همین

است که وقتی شما گیاهی را از باغچه خودتان یا مزارع کوچک تهیه می‌کنید، به جز مزه‌ای متفاوت، انرژی متفاوتی را نیز تجربه می‌کنید! به این ترتیب، در نهایت هم جسمی سالم‌تر و هم روحیه‌ای متفاوت خواهید داشت. از لحاظ علمی ثابت شده است: شما حتی با دادن انرژی می‌توانید آبی را که می‌نوشید، برنامه‌ریزی کنید و آبی متفاوت و دلخواه خودتان نوش‌جان کنید!

❋ اگر زود خسته می‌شوید، چه بخورید؟

برخی روزها انرژی کمتری دارید و کمی کسل و خواب‌آلود هستید. اگر تعداد این روزها زیاد است، حتماً میزان آهن بدن خود را چک کنید. به جای اینکه کافئین مصرف کنید، بهتر است از موادی استفاده کنید که قند خونتان را آهسته بالا می‌برند. مانند: میوه‌های خشک، برنج، نان، پاستا و فرنی. زیرا پس از مصرف کافئین به همان سرعتی که انرژی شما بالا می‌رود، دوباره انرژی شما افت می‌کند. کسانی که خستگی آن‌ها به‌علت کمبود آهن است، باید از ماهی، گوشت قرمز و غلات استفاده کنند.

❋ چه خوراکی‌هایی استرس و عصبانیت شما را کاهش می‌دهند؟

گاهی احساس می‌کنید تحملتان کم شده است و بی‌دلیل عصبانی می‌شوید، یا در حال عبور از یک دوران سخت هستید و استرس زیادی را تجربه می‌کنید. شاید بپرسید: در این مواقع چه چیزهایی باید بخوریم تا آرام شویم؟ اما اول باید بدانید چه چیزهایی نباید بخورید یا کمتر بخورید؟ مصرف چای، قهوه، شیرینی و نوشیدنی‌های شیرین ممنوع! چیزهایی که شما را آرام می‌کنند، عبارتند از: آب، چای گل‌سرخ، چای بابونه و زعفران.

❋ اگر می‌خواهید موفق‌تر، باهوش‌تر و بادقت‌تر باشید

روزهایی هست که نیاز داریم تصمیمات مهمی در زندگی بگیریم و کارهای مهم‌تری انجام دهیم. پس لازم است توان ذهن خود را بالاتر ببریم و دقیق‌تر باشیم. دوباره می‌توانیم از مواد غذایی کمک بگیریم. موادی مانند: ماهی‌های چرب، گردو، زنجبیل، آووکادو و کرفس. همچنین نوشیدن چای سبز با تنظیم قند خون، به شما آرامشی هدیه می‌دهد تا بتوانید تصمیم درستی بگیرید.

❋ غذاهای اخلاق خوب کُن بخورید!

اگر می‌خواهید زندگی‌تان زیباتر شود، کافی است کمی خوش‌اخلاق‌تر شوید. علاوه‌بر اینکه باید روی افکار خودتان کار کنید، داشتن اخلاق خوب شما را به همه جا می‌رساند. اگر بداخلاق شده‌اید، بی‌حوصله هستید یا سطح انرژی شما کم شده، بهتر است به پزشک مراجعه کنید. این تغییرات می‌تواند علل مختلفی داشته باشد، مانند: عدم تعادل هورمونی یا استرس و نگرانی. ولی پیشنهاد می‌کنم معجزه گیاهان و خوراکی‌ها را نیز فراموش نکنید!

در این حالت باید میزان سروتونین بدن خودتان را بالا ببرید. سروتونین نوعی انتقال‌دهنده عصبی است که احساس خوب را در بدن منتشر می‌کند، باعث می‌شود احساس شادی و خوشبختی کنیم و روحیه و انگیزه‌مان بالا رود. جالب اینکه سروتونین مانند هورمون در بدن عمل می‌کند و اصطلاحاً به آن «هورمون شادی» نیز می‌گویند.

اما چه موادی ما را شادتر و خوش‌اخلاق‌تر می‌کنند؟ تخمه‌ها، حبوبات، سویا، آجیل، سبزیجات برگ سبز، آووکادو، ماهی، گردو، بذر کتان یا روغن

آن، تخم‌مرغ، گوشت قرمز، جگر، شیر، شکلات تلخ، پرتقال، زعفران، موز، اسفناج، کلم بروکلی، پنیر، گوجه‌فرنگی، جعفری، توت‌فرنگی و فلفل. همچنین بهتر است آب زیاد بنوشید، زیرا آب سطح انرژی شما را بالا می‌برد و باعث شادی می‌شود. مصرف غذاهای پرفیبر و مکمل‌هایی چون: آهن، فسفر، امگا ۳ و همچنین ویتامین‌های: B6، B، A، B12 و C نیز بسیار مؤثر است.

❋ این مواد غذایی را بخورید تا شاد شوید!

شاید تجربه کرده باشید که برخی روزها بادلیل یا بی‌دلیل بسیار غمگین هستیم. در این شرایط می‌توانیم میزان اندورفین بدن خود را با مصرف برخی مواد غذایی افزایش دهیم. نوشیدن آب و سایر نوشیدنی‌ها، ماهی تن، ساردین، زعفران، مکمل ویتامین B12، سبزی‌های سبز رنگ و میوه‌های نارنجی رنگ که دارای فولات (اسید فولیك) هستند، پیشنهاد می‌شود.

براى كسانى كه مى‌خواهند، عاشق باشند!

آیا می‌دانستید غذاهایی که دارای روی هستند، سبب می‌شوند شما از خودتان بیشتر خوشتان بیاید؟! این خود دوستی در شما غوغا می‌کند، زیرا عاشق می‌شوید و ارتعاش این عشق زیبا در خود باعث می‌شود دیگران نیز عاشقتان شوند. مصرف روی این خاصیت را دارد. حال روی را در چه خوراکی‌هایی پیدا کنیم؟ جگر، صدف دریایی، گوشت قرمز، حبوبات، صیفی‌جات و بادام هندی.

هنگام احساس ترس چه غذاهایی مصرف كنيم؟

نگران نباشید! ترس یکی از واکنش‌های بسیار طبیعی و لازم در انسان است. اما گاهی اوقات ترس شما بیشتر می‌شود که ممکن است به‌علت کمبود فولات (اسید فولیك) در بدن باشد. در چنین مواقعی شما می‌توانید از غذاهایی مانند: جگر، عدس، کاهو و کلم برای کاهش ترس خود کمك بگیرید.

آیا مى‌خواهید طولانى‌تر جوان بمانید؟

در طول تاریخ همه انسان‌ها به‌دنبال اکسیر جوانی بوده‌اند. یکی از رازهای جوان ماندن، استفاده از خوراکی‌های حاوی آنتی‌اکسیدان‌ها است. آنتی‌اکسیدان‌ها باعث خنثی شدن رادیکال‌های آزاد می‌شوند. رادیکال‌های آزاد، ذراتی هستند که به سلول‌های بدن ما آسیب می‌زنند و باعث پیری و بیماری ما می‌شوند. حتماً می‌خواهید بدانید کدام مواد غذایی آنتی‌اکسیدان دارند؟ ویتامین‌های C و E، سیر، زعفران، بلوبری، و گوشت گاوی که در طبیعت پرورش یافته و هورمون و آنتی‌بیوتیک استفاده نکرده است. خوشبختانه اکثر این موارد در دسترس هستند.

گفتگو در خلوت

حتماً تا حدودی با خواص این مواد غذایی آشنا بودید! اکنون به سؤالات زیر پاسخ دهید و آن را برای خودتان یادداشت کنید.

۱. تاکنون به کدام‌یک از موارد بالا به‌عنوان درمان توجه کرده‌اید؟

....

....

....

۲. به جز موارد بالا، شما با چه مواد غذایی درمانی دیگری آشنا هستید؟

....

....

....

۳. تصمیم دارید کدام‌یک از موارد بالا را جهت بهتر شدن حالتان امتحان کنید؟

....

....

....

فصل هفتم: رفتار زیبا

❊ رفتار زیبا چیست؟

> «مهم‌ترین عنصر در فرمول موفقیت این است که بدانیم چگونه با مردم رفتار کنیم.»(تئودور روزولت)

رفتار زیبا یا جذابیت رفتاری، یکی دیگر از عوامل مهمی است که یک انسان را جذاب‌تر و زیباتر می‌کند. در واقع رفتار زیبا و جذاب یک انسان، او را جذاب‌تر نشان می‌دهد؛ و زمانی که این رفتار از درون و ذات حقیقی او باشد، جذابیتش چندین برابر می‌شود.

می‌گویند: «سخنی که از دل برآید، لاجرم بر دل نشیند!» و من در اینجا می‌گویم: «رفتاری که از دل و ذات حقیقی برآید، لاجرم بر دل نشیند!»

رفتار زیبا نقش بسیار مهمی در فرایند ارتباطات ما دارد و شامل ارتباطات کلامی و غیرکلامی ما می‌شود. رفتار زیبا و مناسب باعث نقش بستن ارتباطات مؤثرتر و محکم‌تر با اطرافیان: چه در منزل و محیط زندگی، و چه در بیرون و محیط کار می‌گردد و روابط عاطفی ما را بهبود می‌بخشد. در نهایت سبب احساس رضایت، شادمانی و موفقیت ما خواهد شد. رفتارهای درست ما باعث ایجاد اعتماد و تحکیم ارتباطاتمان می‌شوند و در نتیجه عزت نفس و اعتماد به نفس ما را افزایش می‌دهند، این فرایند به جذابیت ما کمک بسیاری می‌کند.

برای درک بهتر رفتار زیبا، اکنون چند نمونه را بیان می‌کنیم و در ادامه به شرح مفصل آن‌ها می‌پردازیم:

- ✓ افرادی که همیشه لبخند بر لب دارند، افراد جذاب‌تری هستند.
- ✓ یکی از جذابیت‌های رفتاری این است که شنونده خوبی باشید.
- ✓ متواضعانه رفتار کردن، جذابیت شما را چندین برابر می‌کند.

❋ شما باید آن رفتار بشوید!

برای اینکه رفتار زیبای شما دیگران را جذب کند و به جذابیت شما تبدیل شود، باید کاملاً حقیقی باشد. بنابراین به آنچه نیستید، تظاهر نکنید. زیرا ظاهرسازی باعث می‌شود رفتار و برخورد شما فاقد زیبایی، جذابیت و تأثیرگذاری باشد. به عبارت دیگر، شما باید آن رفتار بشوید! آن رفتار، آن افکار، آن سخنان و هر آنچه می‌خواهید بشوید، باید سبک و الگوی زندگی شما باشد و آن را زندگی کنید. البته وقتی شما قوانین سبک زندگی انسان زیباتر را یاد می‌گیرید، به خودی خود رفتارتان که پرتوی از افکار و

ذهن شماست نیز به گونه شگفت‌انگیزی تغییر خواهد کرد. دیگر دست خودتان نیست!

✵ رازهای رفتار زیبا

تعریف رفتار زیبا، مانند بسیاری از چیزهای دیگر بسته به دیدگاه و فرهنگ مردم کشورهای مختلف متغیر است. در اینجا ما به برخی از رفتارهای زیبا به صورت عمومی می‌پردازیم که بین اکثر فرهنگ‌ها مشترک است:

۱. اولین قدم، صداقت داشتن در رفتار است

آنچه که باعث جذابیت شما می‌شود، توانایی ارتباط صادقانه با شخص مقابل است. صادق بودن شما را فردی شجاع و جذاب می‌سازد. فراموش نکنید هیچ‌کس دوست ندارد دروغ بشنود، اما صادقانه بودن را با گستاخی اشتباه نگیرید. همیشه راهی برای عنوان کردن مسائل به روش مؤدبانه‌تری وجود دارد که نه تنها شما را جذاب‌تر می‌سازد، بلکه طرف مقابل حاضر به گوش کردن به سخنان شما خواهد شد.

۲. لبخند بزنید

همیشه لبخند بزنید :) داشتن لبخند بر لب، شما را سلطان قلب‌ها خواهد کرد! همیشه هنگام صحبت با دیگران و گوش کردن به سخنان آنان لبخند ملایمی داشته باشید. ضمناً خوش‌خنده بودن و کمی شوخ طبعی به جا و به اندازه، شما را جذاب‌تر می‌کند. خنده را جزء عادات روزانه خودتان کنید که باعث بالا رفتن فرکانس شما و پیشگیری از افسردگی می‌شود.

۳. زیبایی رفتار شما با ارتباط چشمی

تماس و ارتباط چشمی یکی از مبانی مهم در ارتباطات غیرکلامی ماست. زمانی که شخصی با شما در حال صحبت است، تماس چشمی خود را با او حفظ کنید. این کار به شخص، احساس شنیدن شدن و توجه می‌دهد و نشانه احترام و توجه شما به اوست. همه انسان‌ها همیشه جذب افرادی می‌شوند که به آن‌ها توجه می‌کنند و برایشان احترام قائل هستند.

۴. رفتارهای همراه با شور و شوق

زبان بدن شما یک حرکت غیرارادی و غیرقابل کنترل است، و واقعی یا غیرواقعی بودن رفتار و گفتار شما را لو می‌دهد. پس سعی کنید درباره موضوعاتی گفتگو کنید که از آن‌ها اطلاع دارید، یا مورد علاقه شخصی خودتان است تا بتوانید با شور و اشتیاق بیشتری صحبت کنید. در این حالت، زبان بدن شما حقیقی بودن آن‌ها را به‌خوبی نشان دهد و این موضوع باعث جذابیت بیشتر شما خواهد شد. چیزی که با تمام وجود از درون حقیقی شما خارج می‌شود، به‌صورت معجزه‌آسایی دیگران را مجذوب خود می‌سازد.

۵. وقت‌شناس باشید

برای زمان دیگران ارزش و احترام قائل شوید تا آن‌ها نیز این رفتار متقابل را نسبت به شما داشته باشند. علاوه‌بر این، ارزش گذاشتن به وقت دیگران، نشانه بلوغ شخصیتی خود شماست. پس در قرار ملاقات‌ها و برنامه‌هایتان سر وقت حاضر باشید.

۶. معرفی و دست دادن

یک انسان زیبا دیگران را در اولین دیدار، مجذوب خود می‌کند. زیرا اولین لحظه ورودتان، تأثیرگذارترین زمان برای شماست. پس این لحظه طلایی را از دست ندهید و خود را با دست دادن و معرفی واضح، به‌یادماندنی کنید.

۷. متواضع باشید

اگر می‌خواهید به عنوان یک انسان زیبا و جذاب سد ارتباطی خود را با دیگران بشکنید و آن‌ها را مجذوب خود کنید، مراقب تله خودنمایی باشید. سعی کنید فارغ از سطح تحصیلات، درآمد، و جایگاه اجتماعی خود، رفتار و برخورد صمیمانه و متواضعانه‌ای با دیگران داشته باشید. یک انسان زیبا و آگاه، به انسان‌های دیگر از زاویه دیگری می‌نگرد.

۸. تلفن همراه هرگز!

در سال‌های اخیر به‌دلیل اعتیاد اکثر افراد به تلفن همراه، اختلالات و مشکلات فراوانی در ارتباطات انسانی ایجاد شده است. شاید بیشتر افراد در دست داشتن تلفن همراه و نگاه کردن مداوم به آن را یک امر عادی بدانند و نسبت به این موضوع بی‌توجه باشند، اما این کار نشانه بی‌احترامی و بی‌توجهی به طرف مقابل و صحبت‌های اوست. بی‌شک چنین رفتاری شایسته یک انسان زیبا با ذهن زیبا نیست.

۹. اعتماد به نفس

آدم‌های با اعتماد به نفس بالا همیشه آدم‌های زیباتر و جذاب‌تری به نظر می‌رسند. پس سعی کنید در سخن گفتن و رفتارتان با اعتماد به نفس

عمل کنید تا نفوذ و جذابیت شما چندین برابر شود. برای این منظور، به گفته‌ها و اعمالتان اعتقاد داشته باشید تا بتوانید دیگران را متقاعد کنید.

۱۰. زبان سکوت

سکوت در جای مناسب، خود حاوی گفتنی‌های فراوانی است. در بسیاری از موارد یک سکوت بجا و به‌موقع، شخصیت شما را زیباتر و تأثیرگذارتر می‌سازد.

۱۱. نظم داشتن

به‌هم‌ریختگی و شلوغ بودن محل کار یا منزل، جذابیت شما را کاهش می‌دهد و نظم و ترتیب محیط اطراف شما، نشانه آرامش، آگاهی و برنامه‌ریزی ذهنی شماست و جذابیت ایجاد می‌کند.

۱۲. شنونده خوبی باشیم

اغلب افراد دوست دارند به معنای واقعی کلمه شنیده شوند. شنیده شدن توسط طرف مقابل، نشانه توجه کردن، اهمیت دادن و جدی گرفتن اوست. اما متأسفانه فقدان خوب شنیدن و خوب شنیده شدن، یکی از مشکلات بزرگ دنیای امروزی است که با آن روبه‌رو هستیم و به همین دلیل اکثر انسان‌ها احساس تنهایی می‌کنند.

در واقع، مشکل ما این است که اغلب اوقات بیشتر، صحبت می‌کنیم تا گوش دهیم. یک انسان زیبا مهارت خوب گوش دادن را بلد است. او می‌داند گوش دادن فعال یعنی: با تکان دادن سر، استفاده از کلمات تأییدی، و یا سؤالات کوچک به طرف مقابل خود به موقع بازخورد دهیم.

این کار باعث جذابیت شما می‌شود و نشانه هوشیاری ذهن شما، انسان زیباست.

۱۳. جذابیت ظاهری خود را دست‌کم نگیرید

اهمیت دادن به ظاهر، نحوه پوشش، آراستگی، حرکات مناسب و طرز راه رفتن شما اعتماد به نفستان را بالا می‌برد. البته باید یادآوری کنم مرتب بودن شما با زیبا بودن چهره یا اندام شما متفاوت است. با هر نوع چهره و اندامی می‌توان ظاهر و سر و وضع مرتبی داشت. یک انسان زیبا به تمام جوانب خود توجه ویژه‌ای دارد.

۱۴. بیان زیبا

انسان‌ها دوست دارند کنار کسانی بنشینند که شاد، مثبت و خوش صحبت هستند. بنابراین از کلمات و حرف‌های انرژی‌دهنده، خوب و امیدبخش استفاده کنید تا مثل آهنربا انسان‌ها را به خود جذب نمایید. حرف‌های منفی، انتقاد، غرغر کردن و انتقال اخبار بد، دیگران را از شما فراری می‌دهد. به‌علاوه یک انسان زیبا، اسرار بیان و قدرت کلمات را می‌داند و آگاهانه از آن استفاده می‌کند.

۱۵. قابل اعتماد باشید

انسان‌ها به افراد قابل اعتماد راحت‌تر نزدیک می‌شوند. اگر می‌خواهید شریک قلب مردم شوید، باید رازنگهدار باشید. حرف‌های دیگران را پیش خودتان حفظ کنید و بگذارید آنان از شما به عنوان یک آدم قابل اعتماد یاد کنند. این مسئله اعتبارتان را بالا می‌برد و شما را به شخصیت جذاب و زیباتری تبدیل می‌کند.

۱۶. با وقار و متین بودن

افراد تأثیرگذار به خوبی مرز ادب، احترام و باملاحظه بودن را با گوشه‌گیری، خودگیری و جدی بودن می‌دانند و حفظ می‌کنند.

۱۷. مردمی و اجتماعی

انسان زیبا نگرش مثبت و جذابیت بی‌قید و شرطی را با خود به همراه دارد که باعث مردمی بودن و اجتماعی بودن او در هر کجاست.

۱۸. قابل اتکا

انسان‌های زیبا دارای ارزش والای اتکا کردن هستند و دیگران می‌توانند روی آن‌ها حساب کنند.

۱۹. توانایی لذت بردن از حضور دیگران

انسان‌های زیبا دیگران را همان گونه که هستند می‌پذیرند، و قدرت درک کردن احساسات و افکار آن‌ها را دارند. آنان بدون اینکه سعی در تغییر شخصیت دیگران داشته باشند، از حضورشان لذت می‌برند.

۲۰. انعطاف‌پذیری

یکی دیگر از ویژگی‌های رفتاری انسان‌های زیبا، انعطاف‌پذیر بودن در شرایط نامطلوب است. آن‌ها می‌توانند در هر شرایطی خود را کنترل کنند و آرامش و شادی خود را حفظ کنند. آن‌ها حتی قادرند تا حدود زیادی شرایط نامطلوب را به نفع خود تغییر دهند، یا آن موقعیت را همان گونه که هست بپذیرند.

❋ رفتارهایی که جذابیت را کم‌رنگ می‌کنند

۱. وابستگی

وابستگی، چسبیدن دائمی به دیگران، و همیشه در دسترس بودن، جذابیت شما را کم‌رنگ می‌کند. یک انسان زیبا، بدون وابستگی در کنار دیگران است.

۲. بی‌توجهی

بی‌توجهی و بی‌اعتنا بودن به زندگی دیگران و مشکلات و مسائل روز، شما را آدم بی‌حوصله‌ای نشان می‌دهد و جذابیت شما را کم‌رنگ می‌کند.

۳. بی‌قانونی

نداشتن اصول، قوانین و مرزبندی در زندگی یا عدم پایبندی به آن‌ها، نه تنها شخصیت‌تان را کم‌رنگ می‌کند، بلکه آسیب‌پذیری شما را افزایش می‌دهد و جذابیت شما را از بین می‌برد.

۴. تکبر

متکبر بودن نسبت به آنچه دارید یا ندارید، دیگران را از شما دور می‌کند و زیبایی شما را از بین می‌برد.

۵. بی‌احترامی به خود

اگر شما به خودتان و وقتتان احترام نگذارید، دیگران نیز این ارزش را نخواهند گذاشت.

۶. نیاز به تائید شدن

اگر از ابراز نظر خود می‌ترسید و نگران تأیید یا عدم تأیید دیگران هستید، قدرت اظهارنظر کردن را از دست می‌دهید و این امر جذابیت شما را کم‌رنگ می‌کند.

گفتگو در خلوت

اکنـون طبـق قـراری کـه بـا هـم گذاشتهایـم، وقـت آن اسـت کـه بـه سـؤالات زیـر پاسـخ دهیـد و بـرای خودتـان یادداشـتبرداری کنیـد.

۱. آیا شما رفتار زیبایی دارید؟

....

۲. کدامیک از رفتارهای بالا را در خود میبینید؟

....

....

....

۳. علاقهمند هستید کدامیک از رفتارهای زیبا را داشته باشید؟

....

....

....

۴. آیـا در خودتـان رفتارهایـی داریـد کـه جذابیـت و زیبایـی شـما را کمرنـگ میکننـد؟ اگر جوابتـان بلـه اسـت، چـه کارهایـی بـرای بهبـود آنهـا در نظـر داریـد انجـام دهیـد؟

....

....

....

اتیکت‌های رفتاری

برای کامل‌تر شدن این کتاب شاید بد نباشد که به مبحث اتیکت (Etiquette) هم اشاره کنیم. اول باید به‌طور خلاصه بگویم که اتیکت چیست، و چرا در کوچینگ تحول‌آفرین زیبایی حائز اهمیت است؟

☑ اتیکت چیست؟

اتیکت در اصل یک واژه فرانسوی است که به زبان انگلیسی و فارسی وارد شده است. اتیکت به معنای آداب و رسوم یا آداب معاشرت است و برای موقعیت‌های مختلف، اتیکت‌های مختلفی وجود دارد. از جمله: اتیکت کاری، اتیکت نامه‌نگاری، اتیکت غذا خوردن، اتیکت لباس پوشیدن، اتیکت خانم‌ها، اتیکت آقایان و ... . علاوه‌بر این موارد، اتیکت‌های مختلف دیگری نیز وجود دارد. اگر علاقه‌مند به اطلاعات عمیق‌تر و کامل‌تری در این زمینه هستید، کتاب‌های بسیار زیادی موجود است که مطالعه آن‌ها می‌تواند به شما بیشتر کمک کند. ولی چیزی که در اینجا به آن نیاز داریم، حداقل اتیکت ابتدایی است.

☑ چگونه اتیکت، ما را جذاب‌تر می‌کند؟

همان طور که تا الان گفتیم، ما در حال تبدیل شدن به انسان زیباتر دیگری هستیم. پس برای زیباتر شدن نیاز داریم اطلاعاتی در مورد آداب معاشرت نیز کسب کنیم. طبیعتاً آداب معاشرت یا همان اتیکت رفتاری در برخی فرهنگ‌ها کمی متفاوت است، ولی اکثر موارد مشترک و یکسان هستند. اکنون به موارد اساسی می‌پردازیم:

☑ **اصیل باش!**

اولین و مهم‌ترین چیزی که می‌خواهم بگویم، این است: انسان اصیلی باشید! انسان اصیل یعنی چه؟ خیلی ساده: یعنی خودت باش، همین!

✓ انسان‌های اصیل، خودشان هستند و کپی شخص دیگری نیستند. آن‌ها از همه کس و همه چیز کپی‌برداری نمی‌کنند. آن‌ها اصول و قوانین خاص خودشان را دارند و حتی اگر چیزی را از جایی آموزش دیده باشند، آن را با خلاقیت و دانش به شکل و سبک جدید خودشان تغییر می‌دهند تا آن کار منحصر به فرد باشد.

✓ آن‌ها نسخه اصلی خودشان هستند و این، یکی از ویژگی‌های بارز و مشخص آن‌هاست. حتی اگر در یک زمینه کاری یا فکری با عده‌ای هم‌گروه باشند، باز هم با رنگ و بوی متفاوتی ظاهر می‌شوند و کار می‌کنند. به‌طوری که به‌راحتی از دیگران متمایز هستند. زیرا اصالت یعنی کپی شخص دیگری نباشید، بلکه آنچه را که خودتان درست می‌دانید، انجام دهید و بیافرینید.

✓ آن‌ها بسیار نگاه و افکار بازی دارند و دیگران را همان گونه که هستند می‌پذیرند، پس هیچ‌کس را قضاوت نمی‌کنند.

✓ آن‌ها نگران و منتظر گرفتن تأیید و حس رضایتمندی از دیگران نیستند. پس تلاش نمی‌کنند همه آن‌ها را دوست داشته باشند یا بپذیرند.

✓ آن‌ها خودشان مسیر و راهشان را می‌سازند و منتظر کسی نیستند.

«یا راهی خواهم یافت، یا راهی خواهم ساخت!»

✓ آن‌ها برای خودشان احترام قائل هستند و با همه محترمانه برخورد می‌کنند.

✓ آن‌ها اهل خودنمایی و شوآف نیستند و بیشتر با خودشان مشغول هستند.

✓ آن‌ها ارزش زمان خود را می‌دانند و وقت خود را صرف هر کس یا هر چیزی نمی‌کنند.

✓ آن‌ها نیازی به دروغ گفتن ندارند، فقط خودشان هستند!

✓ آن‌ها در جمع و هنگام گفتگو با دیگران از گوشی موبایل خود استفاده نمی‌کنند. بلکه با احترام و توجه، به سخنان طرف مقابل خود گوش می‌دهند. باید بدانیم استفاده از گوشی موبایل اتیکت خاص خودش را دارد که بهتر است آن را یاد بگیریم.

✓ آن‌ها از وابستگی دوری می‌نمایند و مستقل عمل می‌کنند، به همین علت اعتماد به نفس بالایی دارند.

✓ آن‌ها همیشه در حال مطالعه و یادگیری مستمر هستند و به کمک آموختن، روی خودشان سرمایه‌گذاری می‌کنند.

✓ آن‌ها اهداف خود را مکتوب می‌کنند.

✓ آن‌ها قابل اعتماد هستند.

✓ آن‌ها بسیار سخت‌کوش و جسور هستند.

✓ آن‌ها به قول‌ها و حرف‌های خود پایبند هستند.

✓ آن‌ها به حریم شخصی دیگران احترام می‌گذارند و سؤالات خصوصی نمی‌پرسند.

✓ آن‌ها از کلمات و طرز برخورد مناسب استفاده می‌کنند.

✓ آن‌ها از لباس و پوشش مناسب استفاده می‌کنند و همیشه آراسته و حرفه‌ای به نظر می‌رسند.

✓ آن‌ها همیشه سعی می‌کنند به موضوعات نگرش مثبتی داشته باشند.

✓ آن‌ها بسیار بخشنده هستند و منابع، دانش و اطلاعات خود را با دست و دلبازی در اختیار دیگران قرار می‌دهند. به‌شکلی که انگار منابعی تمام‌نشدنی در دست دارند.

✓ آن‌ها به شما تا رسیدن به هدف و موفقیتتان کمک می‌کنند و اصلاً نگران امکان کم‌رنگ شدن خود نیستند، زیرا صمیمانه به موفقیت دسته‌جمعی اعتقاد دارند.

✓ آن‌ها صرفاً انگیزه مادی ندارند و کار را فقط برای پول انجام نمی‌دهند. برخی افراد همه کارها را برای پول انجام می‌دهند و هدفشان از هر کاری و رضایتمندی‌شان وابسته به پول است. اما افراد موفق، با موفقیت‌ها و دستاوردهایشان شاد می‌شوند.

✓ آن‌ها برای شاد بودن و شاد زیستن، نیاز به انگیزه‌های مادی ندارند. زیرا شادی خود را در گروی مادیات نمی‌دانند. بنابراین از ساده‌ترین و کوچک‌ترین چیزهای زندگی نیز لذت می‌برند.

✓ آنها زودرنج نیستند و از رفتارها و حرفهای اطرافیان آزرده‌خاطر نمی‌شوند. به عبارت دیگر، شخصیت آنها چنان محکم است که احساس نمی‌کنند با حرف‌ها و نظرات دیگران مورد توهین قرار گرفته‌اند.

✓ آنها مسئولیت‌پذیر هستند و نسبت به مسئولیت خود غرغر نمی‌کنند.

✓ آنها زیاد حرف نمی‌زنند و نیازی به اظهارنظر درباره هر چیزی ندارند. بنابراین حرف‌هایشان را با دقت انتخاب می‌کنند.

✓ آنها شنوندگان بسیار خوبی هستند، چرا که بسیار به کشف روحیات انسان‌ها علاقه دارند.

✓ آنها عاشق تنهایی و خلوت خود هستند و نهایت لذت را از آن می‌برند.

✓ آنها روتین (برنامه اجرایی مشخص) مشخص و منحصر به فردی برای دارند.

✓ آنها نه تنها از ویژگی‌های متفاوت و منحصر به فرد خود خجالت نمی‌کشند، بلکه به آن افتخار نیز می‌کنند.

✓ آنها دقیقاً می‌دانند چه چیزی می‌خواهند و چه چیزی نمی‌خواهند.

✓ آنها در هر موقعیت و مکانی که قرار بگیرند، چه خوب و چه بد بهترین استفاده را از آن می‌برند.

✓ آنها زیبایی را در چیزهایی می‌بینند که دیگران اصولاً آن را نادیده می‌گیرند.

✓ آنها در هماهنگی و ارتباط کامل با جهان هستی به سر می‌برند.

✓ آنها در ارتباط کامل با نیروی شهودی خود هستند و از آن بهره خوبی می‌برند.

✓ آن‌ها ظاهرسازی نمی‌کنند و خلاف کاری را که به شما می‌گویند، انجام نمی‌دهند. در واقع آن‌ها دقیقاً کاری را به شما توصیه می‌کنند که اول خودشان انجام داده‌اند. بنابراین یکپارچگی در اعمال و گفتار آن‌ها به وضوح قابل مشاهده است.

✓ آن‌ها اول خودشان به صحبت‌ها و نصیحت‌های خویش عمل می‌کنند.

✓ آن‌ها اهل خودستایی و از خود تعریف کردن نیستند. از طرف دیگر، بیش از حد هم متواضع نیستند. بلکه آنان را باید از روی اعمالشان شناخت.

✓ آن‌ها مسئولیت اشتباهات خود را می‌پذیرند و به گردن دیگران نمی‌اندازند، بلکه برای اصلاح خود تلاش می‌کنند.

✓ آن‌ها بسیار باهوش و آگاه هستند و می‌توانند به‌راحتی افراد خالص و ناخالص را از هم تشخیص دهند. به عبارت دیگر چون واقع‌بین هستند، آنچه را که درست نیست در افراد و موقعیت‌ها زود تشخیص می‌دهند و به سهم خود مدیریت می‌کنند.

✓ آن‌ها در انجام کارهایشان پشتکار دارند. زیرا با احساسات خود رو راست هستند و قابلیت‌هایشان را می‌شناسند.

✓ آن‌ها از خودشان تصویری را به شما نشان می‌دهند که هستند.

وقتی همه این موارد را رعایت کنید، شما برند شخصی خودتان هستید و یك الگوی شخصیتی ناب برای دیگران خواهید بود. البته شاید در حال حاضر تمام این مشخصات را نداشته باشید، اما می‌توانید به سوی اصالت و شخصیت ایدئال خود حرکت کنید و بکوشید به نسخه بهتری از خودتان تبدیل شوید.

گفتگو در خلوت

اکنون وقت خلوت کردن با خودتان و یادداشت‌برداری رسیده است.

۱. شما کدام‌یک از اتیکت‌های بالا را دارید؟

....

....

....

۲. دوست دارید کدام‌یک از اتیکت‌های بالا را داشته باشید؟

....

....

....

اینجا برای خودت یک یادداشت بگذار. هرچه دلت می‌خواهد بنویس.

....

....

....

....

به خودم قول می‌دم که همه چیز را در زندگیم تغییر بدهم و از امروز تبدیل به انسان زیباتر دیگری خواهم شد.

من خالق زندگی خودم هستم.

نام :

تاریخ امروز :

امضاء:

کیمیاگر زندگی خود باشیم!

اکنون شما تبدیل به یک کیمیاگر شده‌اید. بله درست شنیدید: کیمیاگر! البته کیمیاگری از نظر من در این کتاب، معنا و کاربردی نمادین دارد و برای الهام‌بخشی و به یاد آوردن قدرت خالق بودن انسان به کار رفته است.

در تعریف کیمیاگری می‌گویند: کیمیاگران طی فرایندی مس یا سایر فلزات را به طلا تبدیل می‌کنند. به عبارت دیگر، آن‌ها قادرند چیزی را به چیز دیگر تبدیل کنند. در واقع کیمیاگران با توجه به آگاهی داشتن از قوانین جهان هستی و به حرکت در آوردن انرژی درونی از طریق ذهن و همسو شدن با آن در جهت تحقق خواسته‌های خود این کار را انجام می‌دهند.

کیمیاگران با استفاده از:

✓ قدرت قصد و هدف (نیت)

✓ قدرت ذهن و افکار (پندار)

✓ قدرت کلام (گفتار)

✓ قدرت انجام اقدامات لازم، عمل، حرکت (کردار)

فرایندی را ایجاد می‌کنند که آن‌ها را قادر می‌سازد فلزات ناقص را به فلزات کامل‌تر تبدیل نمایند یا به عبارت دیگر هدف خود را متحقق سازند. پس ما با چهار رکن اساسی: نیت، پندار، گفتار و کردار سر و کار داریم. حال هر چه این رکن‌ها در راستای یکدیگر باشند، شانس موفقیت ما در رسیدن به خواسته‌هایمان بیشتر است.

❈ همه کیمیاگرند و بی‌خبرند!

حال مگر کیمیاگران چه کار می‌کنند؟! کیمیاگران قصد و هدف و نیتی دارند و از نیروی ذهن و فکر خود استفاده می‌کنند. آن‌ها برای تحقق خواسته خود، افسون، ورد یا کلمات خاصی را بر زبان جاری می‌کنند و در مراسم کیمیاگری اقدام و عملی را انجام می‌دهند.

همه ما انسان‌ها نیز در زندگی خود فکر، گفتار و عملکرد داریم. یعنی با پندار، گفتار و کردار خود در حال تحقق بخشیدن به خواسته‌ها و خلق واقعی زندگی‌مان هستیم. پس تک‌تک ما انسان‌ها کیمیاگر هستیم. بله درست است! خودِ شما هم یک کیمیاگر هستید و می‌توانید مس وجودتان را به طلا تبدیل کنید.

اما متأسفانه اکثر افراد از کیمیاگری اطلاعی ندارند و حتی اگر چیزی درباره‌اش شنیده باشند، باور نمی‌کنند و آن را افسانه‌ای بیش نمی‌دانند. اگر هم باور دارند، آن را به کار نمی‌بندند؛ و اگر به کار گیرند، از اقتدار خداگونه خود استفاده نمی‌کنند!

❈ و حالا فوت کوزه‌گری

اما فوت کوزه‌گری برای نتیجه گرفتن چیست؟ تمام رکن‌هایی که در بالا گفته شد، زمانی به حرکت می‌افتند و با یکدیگر هم‌راستا می‌شوند که

شما خواسته‌ای را از ژرفای قلب خود و با تمام وجودتان بخواهید. در این حالت به روح جهان نزدیک‌تر می‌شوید و سراسر کائنات با شما هم‌دست می‌شوند تا به خواسته خود برسید. زیرا ارتعاش قوی‌تری از خودتان به کائنات منتقل می‌کنید.

در واقع اینجا از قانون فرکانس و ارتعاشات استفاده کردیم. با به کار گرفتن این قوانین، همه ما به نوعی، کیمیاگر زندگی خود می‌شویم و در نهایت می‌توانیم مس وجود خودمان (یعنی چیزی که هستیم) را به طلا (که چیز باارزش‌تری هست) تبدیل کنیم. پس بیایید کیمیاگر زندگی خود باشیم!

> به قول حضرت مولانا:
> بیرون ز تو نیست، هر چه در عالم هست
> از خود بطلب هر آنچه خواهی، که تو

نسخه کیمیاگری

«انسان‌ها جذاب به دنیا نمی‌آیند، بلکه انسان‌های جذاب ساخته می‌شوند.»

حالا برگردیم از اول نگاه کنیم: تصور کنید شخصی از تمام مراحلی که از آغاز در این کتاب گفتیم، گذر کرده و همین الان درست جلوی چشمان شما ایستاده است. خوب به این شخص نگاه کنید!

✓ او ظاهری مرتب، آراسته و جذاب دارد.

✓ او ذهنی بسیار آگاه، هوشیار، مثبت و رشدیافته دارد.

✓ او رفتار پسندیده، کنترل‌شده و سنجیده‌ای دارد و به خود و دیگران احترام می‌گذارد.

✓ او روحی پاک، شفاف، آرام و پر از نور خالق دارد که آرامش و عشق از آن به بیرون جاری می‌شود.

✓ او شخص موفقی است که اهداف بسیار روشن و واضحی دارد و می‌داند دقیقاً از زندگی چه می‌خواهد.

اکنون به پرسش‌های زیر خوب فکر کنید و پاسخ دهید:

• با مشاهده چنین شخصی، راجع‌به او چه فکری می‌کنید؟

• آیا به نظر شما این شخص زیبا و جذاب نیست؟

• آیا شما ناخودآگاه احترام بیشتری برای او قائل نیستید؟

• آیا چنین شخصی لایق بهترین‌ها نیست؟

• آیا اگر این شخص درخواستی از شما بکند، برایش انجام نمی‌دهید؟

• آیا اگر حرفی به شما بزند، حرفش را قبول و تأیید نمی‌کنید؟

• آیا حاضر به همکاری با او هستید؟

• آیا علاقه‌مند به معاشرت بیشتر با او هستید؟

پس ناخودآگاه درهای زندگی و ارتباط به روی او باز خواهد شد. در واقع او جذاب‌تر شده و به انسان زیبای دیگری تبدیل شده است که همه آرزوی دوستی، همکاری و همراهی با او را دارند. به همین سادگی!

به این می‌گویند کیمیاگری، و او کیمیاگر است!

گفتگو در خلوت

۱. آیا دوست ندارید که این شخص، خودِ شما باشید؟

....

۲. آیا شما هم دوست دارید کیمیاگر زندگی خود باشید؟

....

⟩⟩ نقشه مسیر

> «زندگی، موفقیت‌آمیز بودن دروسی است که برای
> فراگرفتنشان، باید آن‌ها را زندگی کرد.» (هلن کلر)

خُب، اکنون وقت آن است که دفترچه یادداشت خود را بیاورید. همان که در ابتدای کتاب گفته بودم و پاسخ سؤالات را در آن می‌نوشتید. دفترتان را باز کنید و یک بار دیگر به آن نگاه کنید. پرسش‌ها و پاسخ‌هایتان را مرور کنید.

آیا به همه سؤالات پاسخ داده‌اید؟

آیا هنگام پاسخ‌گویی به آن‌ها با خودتان صادق بوده‌اید؟

آیا نیاز به کم یا زیاد کردن چیزی دارید؟

در این صورت، همین الان اضافه کنید و بعد به خواندن کتاب ادامه دهید. منتظر چه چیزی هستید؟! بروید و دفترچه را بیاورید!

حال به همه آنچه هستید، و تمام چیزهایی که در حال حاضر دارید، خوب نگاه کنید. یادداشت‌هایی که در طول مطالعه این کتاب برداشتید، در این بازنگری به شما کمک می‌کنند. زیبایی‌هایی را که در ابعاد مختلف دارید و یافته‌اید، بنگرید. خواسته‌هایی که دارید و تصمیماتی را که گرفته‌اید، به خاطر بیاورید! قرارهای مهمی را که با خودتان گذاشته‌اید و اینجا نوشتید، دوباره ببینید. شاید خودتان هم انتظارش را نداشته باشید که امروز این همه چیزهای خوب دارید! با آغوش باز همه آن‌ها را بپذیرید، و از خودتان برای تمام چیزهایی که دارید و هر آنچه هستید، سپاسگزاری و قدردانی کنید!

گفتگو در خلوت

حالا برویم سراغ لیست چیزهایی که می‌خواهید عوض کنید یا تغییر و بهبود دهید!

۱. در حال حاضر در زندگی به دنبال چه چیزی هستید؟

....

....

....

۲. اگر می‌توانستید یک چیز را همین الان تغییر بدهید، آن چه چیزی بود؟

....

....

....

۳. اگر پول در زندگی‌تان مطرح نبود، چه می‌کردید؟

....

....

....

۴. حاضرید برای رسیدن به چه چیزی سختی بکشید؟

....

....

....

۵. چه چیزهایی به شما انگیزه می‌دهد؟

....

....

....

۶. دلیل شما برای زیستن چیست؟

....

....

....

۷. برای توسعه فردی فکر می‌کنید روی چه چیزهایی باید وقت کمتر یا بیشتری بگذارید؟

....

....

....

۸. آیا می‌توانید هدفتان را در چند جمله به من بگویید؟

....

....

....

۹. بنـا بـه برنامههایـی کـه الان مینویسـید، در ۵ سـال آینـده کجـای ایـن جهـان خواهیـد بـود؟

....

....

....

۱۰. برای چه بخشهایی از مسیرتان به کمک نیاز دارید؟

....

....

....

۱۱. چـه کسـانی یـا چـه چیزهایـی میتواننـد در ایـن مسـیر بـه شـما کمـک کننـد؟

....

....

....

در واقـع ایـن لیسـت و تمـام چیزهایـی کـه تاکنـون یادداشـت کردیـد، بخشـی از نقشـه راه شـما هسـتند و در مسـیر بـه سـوی انسـان زیبـای دیگـر شـدن بـه آنهـا نیـاز داریـد. و چـه چیـز بهتـر از اینکـه انسـان زیبـای دیگـری شـویم؟! زیرا انسـانهای زیبـا در زندگـی خـود احسـاس آرامـش، خوشبختـی و رضایتمنـدی دارنـد و ایـن همـان چیـزی اسـت کـه همـه انسـانها در تمـام مراحـل زندگـی خـود همیشـه بهدنبـال آن هسـتند.

⚜ زمان تصمیم‌گیری

در انتهای کتاب شاید همه این مطالب زیاد به نظر برسد. شاید فکر کنید آیا واقعاً آن‌ها می‌توانند زندگی مرا عوض کنند؟! زیرا اکثر اوقات ما به دنبال فرمول‌های عجیب و غریب کیمیاگری هستیم، ولی غالباً در عمل، این چیزهای ساده و به ظاهر پیش‌پاافتاده هستند که اهمیت دارند و به ما کمک می‌کنند.

فراموش نکن که:

فقط تو کیمیاگر زندگی خودت هستی،

و فقط تو تنها کسی هستی که می‌توانی مس وجودت را به طلا تبدیل کنی!

همان طور که در آغاز کتاب گفتیم: این مطالب را ما می‌بایست از زمان کودکی در منزل یا مدرسه به عنوان هنر زندگی یاد می‌گرفتیم. در این صورت الان آن‌ها را مانند نفس کشیدن، راه رفتن و مسواک زدن بدون هیچ‌گونه فکری به طور خودکار انجام می‌دادیم. البته هنوز هم برای یادگیری دیر نیست! ممکن است در اوایل کار، کمی فکر کنید. ولی به شما قول می‌دهم بعد از چند هفته به صورت یک عادت، برایتان اتوماتیك می‌شود.

حالا شاید بد نباشد که از بلدِ راه هم کمک بگیرید!

شما با مطالعه این کتاب می‌توانید به‌راحتی به خودتان کمک کنید. در واقع با این کتاب شما می‌توانید کوچ یا مشاور خودتان باشید و شاید دیگر نیازی به کوچ یا مشاور نداشته باشید.

اما اگر بخواهم با شما صادق باشم، باید بگویم: «شاید رفتن این راه به‌تنهایی در اوایل مسیر، به‌خصوص اگر در نقشه خود راهی طولانی می‌بینید، خیلی هم آسان نباشد و شما به یک مشوق نیاز داشته باشید.» زیرا تجربه به من نشان داده در طی این مسیر ممکن است شما بارها و بارها خسته شوید؛ انگیزه‌تان را از دست بدهید؛ راه را گم کنید؛ و یا از ادامه دادن منصرف شوید. زیرا انسان‌ها به‌طور ذاتی دوست دارند در دایره راحتی و عادت‌های قدیمی خود بمانند. برای همین، هر تغییری را یک چالش می‌دانند و ذهن شما این‌قدر باهوش است که راهی برای فرار از آن پیدا کند!

شاید برایتان جالب باشد که همه ما نیازمند یک کوچ، راهنما و بلد راه هستیم، حتی خود مشاورها ! بله، درست شنیده‌اید. آن‌ها نیز مانند بقیه انسان هستند و همه انسان‌ها با تله‌های ذهنی به نوعی درگیرند. مثلاً خودِ من زمانی که دنبال یک نویسنده خوب می‌گشتم تا داستان زندگی‌ام را بنویسد، به صورت اتفاقی با بانویی آشنا شدم که کوچ و مشاور کتاب‌نویسی بود. با صحبت‌ها و راهنمایی این فرد در دوره نویسندگی

شرکت کردم و او با تشویق‌هایش مرا مجاب کرد که خودم کتابی بنویسم. چیزی که اصلاً حتی فکرش را هم نمی‌کردم!

اما پس از چند جلسه مشاوره، با تمام دودلی‌ها و مشکلات شروع به نوشتن کردم! حدس بزنید چه کتابی؟ درست است، همین کتابی که در دست دارید! گرچه نوشتن کتاب در لیست رؤیاهای من بود، ولی بسیار دور و دست نیافتنی به نظر می‌رسید! تا اینکه این رؤیای من به کمک تیم پر مهر و تخصصی پرنویسا به واقعیت پیوست.

این یکی از معجزات مشاور خوب است! توصیه می‌کنم شما نیز در این مسیر تحول‌آفرین و در جهت انسان زیباتر شدن، کوچ یا مشاوری آگاه و باتجربه برای خود انتخاب کنید تا همراه و مشوق شما باشد و راه را برایتان آسان‌تر کند.

یک کوچ حرفه‌ای دقیقاً می‌داند با راهکارهای مختلف در هر قدم و در هر جا آهسته‌آهسته تغییرات را در شما ایجاد کند. او پیچیدگی‌های انسان‌ها را به‌خوبی می‌شناسد و می‌داند دقیقاً چطور و با چه ظرافتی قطعات پازل شما را کنار هم قرار دهد تا به هدفتان برسید.

من در جلسات خودم همیشه یک مثال ساده می‌زنم: شما می‌توانید کتاب آیین رانندگی بخوانید، ولی وقتی در ماشین می‌نشینید نمی‌توانید رانندگی کنید. شما علاوه بر کتاب راهنما، به یک معلم باتجربه رانندگی نیز نیاز دارید!

البته باید به این نکته مهم توجه داشته باشید که در کوچینگ شاخه‌های مختلفی وجود دارد. کوچینگ تحول‌آفرین زیبایی، سبکی از کوچینگ است که به افراد در جهت انسان زیباتر شدن کمک می‌کند.

قبول دارم که مسیر خیلی راحتی نیست، اما یک سؤال دارم: آیا دوست دارید بقیه عمرتان به همین شکل زندگی کنید و ادامه دهید؟! یا حاضرید با صرف کردن مدت کوتاهی از وقتتان و سرمایه‌گذاری روی خودتان، قصد دارید بقیه عمر خود را آن‌طور که دوست دارید، زندگی کنید؟

اکنون انتخاب با شماست!
من یک زندگی خوب را انتخاب کردم، شما چطور؟

❊ یک پرسش مهم

شاید اینجا سؤالی برایتان ایجاد شود: اگر من همه چیز را بدانم و انجام دهم و استاد شوم، آیا همه چیز تمام است و دیگر هیچ مشکلی برایم پیش نمی‌آید؟ آیا همه چیز خوب پیش می‌رود و تا آخر عمر خوشبخت و خوشحال و موفق خواهم بود؟

بگذارید پاسخ شما را با مثالی بدهم: موقعیت ما مثل کاپیتان یک کشتی است که دریانوردی می‌داند. دریا طوفان و امواج سهمگین بسیاری دارد. آن‌ها جزء ذات دریا هستند، درست مثل زندگی! فقط هر چقدر کاپیتان ماهرتری باشید، آسان‌تر و راحت‌تر می‌توانید از میان موج‌ها و طوفان‌ها

عبور کنید. چالش‌ها بخشی از زندگی هستند، شما سعی کنید کاپیتان قابلی برای زندگی خودتان باشید!

❊ پرسش‌های دیگر

شاید اکنون سؤالات متفاوتی برای شما پیش آمده باشد:

آیا افرادی وجود دارند که همه موارد گفته شده در این کتاب را در زندگی‌شان انجام داده باشند؟

آیا خودِ نویسنده همه این موارد را هر روز انجام می‌دهد؟

به عبارت دیگر، آیا من همه این موارد را هر روز انجام می‌دهم؟

آیا همیشه و هر روز شاد هستم؟

آیا همیشه نسبت به آنچه می‌خواهم، آگاهم؟

آیا هیچ اشتباهی نمی‌کنم یا هیچ وقت اشتباهی نکرده‌ام؟

آیا هر روز با یک دفترچه برنامه‌ریزی راه می‌روم؟

و کلی سؤال مشابه دیگر!

☑ بگذارید واقعیت مهمی را به شما بگویم:

اولاً وقتی شما مطالب این کتاب را واقعاً یاد بگیرید؛ آن‌ها را تمرین کنید؛ و مدتی انجام دهید، دیگر جزئی از زندگی شما می‌شوند و آن‌ها را مثل قهوه صبحگاهی، بدون فکر کردن و به‌طور خودکار انجام می‌دهید.

قسمت دوم و مهم‌تر پاسخم به شما این است که من، آدم‌های مثل من و اصولاً هیچ انسانی، کامل نیست! سالیان سال و به اندازه تاریخ بشر انسان‌های زیادی آمده‌اند و کتاب‌های راهنمای بسیاری نوشته‌اند تا

اطلاعات خودشان را در جهان هستی با بقیه به اشتراک بگذارند. ولی ما انسان‌ها همچنان در جستجوی بهتر شدن هستیم.

بله، ما کامل نیستم. فقط در مسیر بهتر و کامل‌تر شدن در حرکتیم!

من هم مثل همه انسان‌ها هر روز باید تصمیماتی بگیریم که بعضی از آن‌ها درست، و بعضی اشتباه هستند. خُب چه اشکالی دارد؟! ما باید اشتباه کنیم، و از اشتباهاتمان درس بگیریم، اصلاً برای همین روی زمین آمده‌ایم.

از اشتباه نترسید، بگذارید گاهی اوقات در قطار زندگی در ایستگاه اشتباهی پیاده شویم! در آن ایستگاه شاید درختی دیگر، هوایی دیگر، نیمکتی دیگر و کیوسک قهوه‌فروشی دیگری را تجربه کنیم! شاید آدم‌های دیگری را ببینیم و عاشق شویم! شاید دوباره نظرمان عوض شود و قطار بعدی را بگیریم! شاید بارها و بارها خودمان، مسیرمان، و افکارمان را عوض کنیم! زیرا هیچ‌چیزی در جهان هستی دائمی نیست و همه چیز در هر لحظه در حال تغییر است.

اگر باور ندارید، کافی است چند لحظه به ابرهای بالای سرتان نگاه کنید!

آن‌قدر خودتان و مسیرتان را تغییر دهید تا یاد بگیرید و بفهمید از زندگی‌تان چه می‌خواهید. من و آدم‌های مثل من بارها و بارها اشتباه کردیم و زمین خوردیم، و شاید حتی بیشتر از دیگران درس گرفتیم و درس پس دادیم تا به امروز رسیدیم و هنوز هم ادامه می‌دهیم. فقط هر بار قوی‌تر و قوی‌تر! پس فقط جرئت داشته باش، حرکت کن و تغییر بده!

به قول معروف: «آدم دیکته ننوشته که غلط نداره!»

آیا من همیشه مثبت‌اندیش هستم؟

نه اصلاً این‌طور نیست. تا زمانی که زنده هستیم، زندگی پر از چالش‌های متفاوت است. فقط در این شرایط، ما به مشکلات آگاه هستیم، انکارشان نمی‌کنیم و آن‌ها را بدشانسی نمی‌دانیم. بلکه مشکلات را بخشی از زندگی می‌دانیم و به‌دنبال راه‌حل می‌گردیم. اگر چیزی غیرقابل‌حل باشد، از قسمت پذیرش خود استفاده می‌کنیم. زیرا به نقشه و طرح خالق، یا جهان هستی ایمان داریم.

من همیشه ایمان دارم که همیشه هر اتفاقی به نفع من تمام می‌شود. فقط در آن لحظه من، دید و آگاهی کافی از آن چالش را ندارم.

البته صادقانه بگویم، این همیشه کار ساده و راحتی نیست! خُب، آخر من هم یک انسان هستم و از ناشناخته‌ها و نادیده‌ها می‌ترسم. گاهی اتفاقات مرا نگران می‌کنند و زمانی طول می‌کشد تا به داده‌هایم برگردم و یادم بیفتد که در چالش‌های قبلی هم تنها نبودم و همه چیز دقیقاً در مکان و زمان مناسب خودش درست شده بود. حتماً همگی شما تجربه‌های این مدلی داشتید! پس هیچ اشکالی ندارد که گاهی نگران شویم، بترسیم و یا حتی گریه کنیم.

> «شاید زندگی آن جشنی نباشد که آرزویش را داشتی.
> اما حالا که به آن دعوت شده‌ای، تا می‌توانی زیبا
> برقص!» (چارلی چاپلین)

❋ آیا من کامل هستم که این کتاب را نوشتم؟

آیا من باید بهترین نویسنده کتاب؛ یا بهترین استاد معنوی؛ یا بهترین و کامل‌ترین مشاور دنیا؛ یا موفق‌ترین و شادترین آدم دنیا باشم؟ البته که نه! من هم به عنوان یک انسان همچنان در حال طی کردن سیر تکاملی خودم هستم. مهم این است که هر چه و هر که هستیم و از راهی که بلدیم، زندگی دلپذیری روی زمین داشته باشیم. و در بهترین حالت، اگر برایمان ممکن است از افراد دیگر هم حمایت کنیم تا آن‌ها نیز همین حس را در خودشان پیدا کنند. مهم نیست چه کسی هستید؛ یا چه فرهنگ و زبانی دارید؛ یا از چه قوانینی برای رسیدن به این هدف استفاده می‌کنید. مهم این است که زندگی را برای خودتان دلپذیر کنید. خودتان و زندگی‌تان را خیلی سخت و جدی نگیرید. کمی بازی کنید و در حال بازی و شادمانی در مسیر قدم بردارید!

> **این هدف از آفرینش شماست! ما برای زندگی کردن و رشد و تکامل به این دنیا آمده‌ایم، همین و بس!**

☑ آیا من همیشه اهداف خودم را می‌دانم؟ و یا اگر می‌دانم، آن‌ها را در مسیر گم نمی‌کنم یا تغییر نمی‌دهم؟

البته که من هم با همه این چالش‌ها روبه‌رو هستم. اما چرا؟

خُب، گاهی اهداف ما با اهدافی که جهان هستی برایمان طراحی کرده کمی فرق دارد؟

گاهی جهان هستی برای من برنامه‌های بهتری را طراحی کرده است و مرا سورپرایز می‌کند!

گاهی هم در مسیر، باید اهدافم را کمی تغییر دهم.

و گاهی هم در مسیر رسیدن به اهداف، چیزهایی پیش می‌آید و حواسم را پرت می‌کند که ممکن است کمی با تأخیر برسم.

همه این‌ها بسیار طبیعی است و من همیشه می‌گویم:

«آخر من هنوز یک انسانم و این ذات انسان است. پس می‌توانیم گم شویم، دور شویم و اشتباه کنیم!»

اکثر اوقات من از جهت‌نمای قلبم استفاده می‌کنم. ندایی درون ما که به‌طرز معجزه‌آسایی با روح جهان در ارتباط است. پس با ریتم قلب روح جهان زندگی کنید!

این را بدانید که هیچ اشکالی ندارد اشتباه کنید، کامل نباشید، گاهی بترسید، یا حتی گریه کنید و مسیرتان را اشتباه بروید! ما درست به‌خاطر همین تجربه‌هاست که اینجا هستیم. مهم این است که دوباره بلند شوید و برای رسیدن به هدفتان، به مسیر خود ادامه دهید. بدانید که شما تنها نیستید و سعی کنید به خاطر بیاورید که برای چه به سیاره زمین آمده‌اید!

❊ راز دل

دلم می‌خواهد رازی را به شما بگویم. منی که امروز این کتاب را نوشتم، زندگی بسیار پر فراز و نشیبی داشتم. زندگی بسیار عجیب و پر چالشی که شاید فقط در کتاب‌ها خوانده باشید! گاهی اوقات حتی وقتی خودم به

آن فکر می‌کنم، نمی‌توانم تصور کنم که این داستان زندگی خودم است و این خودِ خودِ من بودم که از این مراحل گذشتم.

بالاخره روزی کتاب زندگی خودم را نیز خواهم نوشت!

در واقع تمام مطالعات و تحقیقاتی که انجام دادم، برای کمک به خودم و تغییر جهت زندگی‌ام بود. تا اینکه به چنین روزی رسیدم که بتوانم به انسان‌های دیگر نیز کمک کنم و این کتاب را بنویسم. مطالبی را که در این کتاب برایتان نوشتم و شما خواندید، شاید برایتان مشتی کلمات به نظر برسد، ولی من تک‌تک آن‌ها را به معنای واقعی زندگی کردم. این بسیار اهمیت دارد که شما مطالب را از چه کسی می‌شنوید!

به قول معروف: «سخنی که از دل برآید، لاجرم بر دل نشیند.» از دل من بیرون آمد، و امیدوارم بر دل و جان شما بنشیند!

یادتان باشد! من و آدم‌های مثل من هم یک روزی و یک جایی در جستجوی راز زندگی، از خواندن یک کتاب یا مطلب آموزنده شروع کردیم! پس صمیمانه دلمان می‌خواهد شما هم انسان زیبای دیگری شوید تا سفر زمینی خودتان و اطرافیانتان را دلپذیرتر کنید!

و شاید امروز همان روز برای شماست!

❋ آخرین سخن

اگر علاقه‌مند به تغییر و تحول کلی در زندگی‌تان هستید، همیشه می‌توانید کتاب‌های مختلفی در این زمینه بخوانید؛ در دوره‌ها و سمینارهای آموزشی شرکت کنید؛ و از کوچ‌ها و مشاوران متخصص مشاوره بگیرید.

توصیه می‌کنم از امروز تمام چیزهای کهنه و به درد نخور زندگی‌تان اعم از: افکار، عادت‌ها و الگوهای غلط؛ و حتی وسایل اضافه؛ و آدم‌های سمی را دور بریزید. در واقع، هر چیزی که از امروز دیگر در زندگی جدید شما جایی ندارد.

فراموش نکنید که همیشه می‌توانید با من در تماس باشید، یا در کلاس‌ها و سمینارهای آموزشی آکادمی ما شرکت کنید. همچنین خوشحال می‌شوم مقالات و مطالب دیگری را هم که در این زمینه نوشته‌ام، مطالعه کنید.

پیشاپیش سپاسگزار می‌شوم اگر شما نازنینانم مطالب یا تجارب ارزشمندی را که دارید و فکر می‌کنید به کامل‌تر شدن این کتاب کمک می‌کنند، از طریق ایمیل با من به اشتراک بگذارید. مطمئن باشید در چاپ بعدی کتاب، این مطالب ارزشمند با ذکر نام خود شما نقل خواهد شد.

دوستتان دارم و برای شما بهترین آرزوها را دارم!
در عشق و نور و آگاهی باشید و بمانید.
کیمیاگر زندگی خود باشید و زندگی را زندگی کنید ...

ارادتمند،

شهلا منیعی

این سخن را که من امروز نگفتم ننوشتم
بلکه از صبح ازل با قلم نور نوشتم
گر به این نقطه رسیدی، به تو دربسته و در پرده بگویم
تا کسی نشنود این راز گهربار جهان را
آنچه گفتند و سرودند تو آنی، خودِ تو جانِ جهانی
گر نهانی و عیانی
تو همانی که همه عمر به دنبال خودت نعره‌زنانی
تو ندانی که خود آن نقطه عشقی، تو خود آن اسرار نهانی، تو خود باغ بهشتی ...

(حضرت مولانا)

تقدیر و سپاسگزاری

✓ سپاسگزارم از خالق عشق و نور و آگاهی

✓ سپاسگزارم از فرشتگان زمینی و آسمانی که در انجام رسالتم مرا همراهی کردند.

✓ سپاسگزارم از خودِ زندگی به عنوان استادم که بسیاری از درس‌ها را عملی به من آموخت.

✓ سپاسگزارم از تمام مشکلات و چالش‌های زندگی. آن‌ها درس‌هایی را به من آموختند که امروز با شما به اشتراک گذاشتم.

✓ سپاسگزارم از روح جهان هستی که به خواسته‌های من در سراسر مسیر زندگی تحقق بخشید. هر آنچه امروز دارم و هستم، روزی در دفترچه آرزوهایم بود و هم‌اکنون واقعیت زندگی من است!

✓ سپاسگزارم از اساتید نازنینم که با وجود تک‌تک آنان، من به این آموزش‌های ارزشمند دست پیدا کردم.

✓ سپاسگزارم از وجود تک‌تک شما عزیزانی که گرچه ندیدمتان، اما این کتاب را با عشقِ به اشتراک گذاشتن با شما نوشتم.

✓ سپاسگزارم از تیم کتاب‌نویسی پرنویسا که در این مسیر همراه و مشوق من برای نوشتن این کتاب شدند.

✓ سپاسگزارم از بانو سودا محجوب، بیزینس کوچ و کارآفرین موفق ایرانی که با قلب مهربان خود اولین قدم در این مسیر را به من نشان دادند.

✓ و سپاسگزارم از تمام کسانی که عشقشان بدرقه راه من در این مسیر زیبا بود.

۲۱۱

با سپاسگزاری ویژه از:

- بزرگ‌ترین و زیباترین استاد زندگی خودم، مادر نازنینم که نه تنها در سراسر زندگی‌ام استادم بود، بلکه حتی در نبودنش، روحش و عشقش در همه لحظات نوشتن این کتاب، همراه من بود.

- پسر نازنینم، همراه و یار همیشگی‌ام که با انرژی مثبتش مشوق من در مسیرم بود.

- و خانواده عزیز، مهربان و دوست‌داشتنی‌ام که همیشه در تمام مراحل زندگی با عشق خود مشوقم بودند.

- ایزد جان و خرد که آگاهی، فرصت و قلم نوشتن این کتاب را به من هدیه داد. باشد که توانسته باشم بخشی از آگاهی هدیه داده شده به من را به جهان هستی بازگردانم.

ارتباط با ما

✉ Email: smaniei@gmail.com

🌐 Website: www.shalamaniei.com

▶ Youtube :

Shala Maniei

@shalamaniei

Wisdom Life Academy

@wisdomlifeacademy

📷 Instagram: @shala.maniei

📷 Instagram: @wisdom.life.academy

ماجرای نگارش این کتاب

همه چیز از یک سؤال در زندگی آغاز می‌شود.

در پایان شاید برای شما جالب باشد که بدانید این کتاب چرا و چگونه نوشته شد! اول از همه باید اعتراف کنم که من هیچ تصمیمی برای نوشتن این کتاب یا هر کتاب دیگری نداشتم. ناگفته نماند که از وقتی یادم می‌آید من هم مثل بقیه آدم‌های دنیا تصوراتی راجع به خودم داشتم. مثلاً یکی از آن تصورات این بود که در آرامش مشغول نوشتن کتابی هستم!.

عجیب بود! چرا کتاب نوشتن؟! حسی که در زمان تصور نوشتن کتاب در ذهن من نقش می‌بست، بیشتر یک نوع امنیت و آرامش خیال بود، نه دقیقاً خود نوشتن! چون فکر می‌کردم اگر به نقطه آرامش و امنیت برسم، آن وقت دوست دارم داستان زندگی‌ام را بنویسم. داستانی که واقعاً هم ارزش نوشتن را دارد! همچنین همیشه دوست داشتم روزی تمام اطلاعات خودم را به صورت یک جزوه درست کنم.

با خودم می‌گفتم: «خیلی حیف است اطلاعاتی که سال‌ها برایشان زحمت کشیدم، با مرگ زیر خاک برود و دیگران نتوانند از آن استفاده کنند!» زیرا معتقدم ما وظیفه داریم در قبال چیزهایی که جهان هستی به ما داده است، سهم خودمان را پرداخت کنیم. به عبارت دیگر ما هم باید چیزی به گنجینه هستی و انسان‌های دیگر ببخشیم و اضافه کنیم.

ولی این جریانات مربوط به سال‌های بسیار دور بود و دیگر در خاطرم محو شده بود! تا اینکه در یکی از شلوغ‌ترین روزهای زندگی‌ام همه چیز بار دیگر از یک سؤال آغاز شد! و امان از قدرت سؤالات که با زندگی و

سرنوشت ما چه می‌کنند!!! دنبال کسی می‌گشتم تا داستان زندگی‌ام را بنویسد. با خودم فکر می‌کردم: «خُب اگر زندگی من ارزش زندگی کردن را دارد، پس ارزش نوشته شدن را هم دارد!» بعد از خودم پرسیدم: «از کجا و چگونه باید آغاز کنم؟» آهسته‌آهسته جواب‌ها به صورت معجزه‌آسایی شروع به جاری شدن کردند.

اولین چیزی که به یادم آمد، این بود که باید با کسی که این راه را رفته صحبت کنم. یادم افتاد مدتی پیش تصادفاً در مرکز کوچ‌های رسمی ایران با یک بانوی موفق و قوی آشنا شده بودم که کتاب بسیار موفقی در زمینه کوچینگ نوشته بود. ما در زمینه کاری با هم کم و بیش در تماس بودیم، ولی نمی‌دانستم چه‌طوری راجع به کتاب با ایشان صحبت کنم و او چه عکس‌العملی خواهد داشت؟!!!

بالاخره دلم را به دریا زدم! با ایشان تماس گرفتم و راهنمایی خواستم. فکر می‌کردم بیشتر خانم‌ها به‌خصوص در زمینه کاری مشترک راه‌های موفقیت خودشان را قایم می‌کنند! اما با کمال تعجب، ایشان علاوه بر راهنمایی، کلی هم مرا تشویق به نوشتن کرد! شماره تماسی به من داد و گفت: «حتماً با این کوچ نویسندگی تماس بگیر! مطمئن هستم که می‌تواند کمک بزرگی برایت باشد.»

با وجود اینکه گفتم: «من نمی‌خواهم نویسنده شوم و فقط دنبال کسی می‌گردم که کتاب را برایم بنویسد!»، او به من گفت: «حالا شما با اینجا تماس بگیر! ایشان کار کوچینگ نویسندگی انجام می‌دهد. شاید نویسنده‌ای را هم برای نوشتن کتابت سراغ داشت!»

آن بانو کسی نبود جز «بانو سودا محجوب» که از بیزینس کوچ‌های موفق و کارآفرین در ایران و نویسنده کتاب «ارتباط بدون خشونت» که مرا به

«بانو پروین شیربیشه» (پرنویسا)، مدرس و مربی کتاب‌نویسی معرفی کرد و همه چیز ناگهان به صورت عجیب و غریبی آغاز شد!

با اینکه دنبال کلاس نویسندگی نبودم و نمی‌خواستم خودم کتابم را بنویسم، ولی این تنها سرنخی از کلاف پیچیده من بود و چاره‌ای جز تماس نداشتم!

پس از تماس و کلی صحبت، ایشان گفت: «کسی را سراغ ندارم، اما پیشنهاد می‌کنم خودتان یك کتاب بنویسید!» گفتم: «چی؟ من؟!» گفت: «بله، چه اشکالی داره؟! با توجه به صحبت‌های شما، فکر می‌کنم اگر در زمینه کاری خودتان یک کتاب بنویسید، بسیار موفقیت‌آمیز خواهد بود! در ضمن خودتان با مراحل کتاب‌نویسی آشنا می‌شوید و این موضوع به نوشتن داستان زندگی‌تان هم کمک می‌کند.» گفتم: «الان شرایط کتاب نوشتن ندارم. تازه سفری را آغاز کرده‌ام که حداقل نزدیک یک سال طول خواهد کشید!»

خلاصه او قانعم کرد حداقل در کلاس‌های آموزشی شرکت کنم. پس از اینکه قبول کردم و تماس به پایان رسید، ناگهان مشکلاتی که داشتم، یکی‌یکی جلوی چشمم آمد و از خودم پرسیدم: «آخر، چطوری ممکن است؟!»

اولش کمی گیج شده بودم! کلاس‌ها گرچه آنلاین بود، اما انگار من نمی‌دانستم کجا و در چه شرایطی هستم؟! آیا اصلاً می‌توانم شرکت کنم یا نه؟ ضمناً کامپیوتر من امکان فارسی‌نویسی نداشت. بدتر از آن، اصلاً زبان فارسی‌ام خوب نبود و به تازگی تایپ فارسی را آن هم با کلی تلاش و به صورت لاک‌پشتی یاد گرفته بودم! سه سال پیش بود که در شرایط بد استرسی به خاطر ارتباط گرفتن با مادرم، تایپ فارسی را در عرض یک

هفته، آن هم با کلی غلط یاد گرفتم! پیش از آن حتی اگر برای کسی
مجبور بودم فارسی بنویسم، به زبان فینگلیش می‌نوشتم: یعنی نوشتن
فارسی با حروف لاتین! این زبانِ رسمی ایرانیان مقیم خارج است. :)

با خودم گفتم: «چگونه این همه مشکل را بگویم؟!» اما دیگر چاره‌ای
نداشتم! بله را گفته بودم و ثبت‌نام انجام شده بود. فکر کردم: حالا شروع
می‌کنم و حداقل از روند کتاب‌نویسی آگاه می‌شوم و آهسته‌آهسته از زیر
کتاب نوشتن در می‌روم. :) بالاخره با کلی استرس و ناامیدی کلاس را
شروع کردم. پس از چند جلسه، پیگیری‌های کوچینگ نویسندگی آغاز
شد. خُب انگار کمی بدشانسی آوردم و همه چیز آن‌طور که من فکر
می‌کردم، پیش نرفت و من نتوانستم از زیر کتاب نوشتن در بروم!!!
پرنویسا (کوچ کتاب‌نویسی‌ام را می‌گویم) حسابی پیگیر همه کارها بود و
برای هر بهانه من یک راه‌حل داشت.

مجبور شدم کم‌کم الکی نوشتن را آغاز کنم و چون لپ‌تاپ من
فارسی‌نویس نداشت، در موبایلم می‌نوشتم. نوشتن هر سطر از کتاب در
این شرایط کلی طول می‌کشید. تازه یک عالمه غلط دیکته‌ای و گرامر هم
داشتم که باید به کمک گوگل درستشان می‌کردم. همه این‌ها کلی زمان
از من می‌گرفت و حسابی کلافه‌ام می‌کرد!

تا حالا به این فکر کردید برای نوشتن هر کلمه‌ای ما چند تا ث، س، ص
داریم! یا چند تا ح، ه! یا چند تا غ، ق! و یا چند تا ذ، ز، ض، ظ! بدتر از
آن، گاهی با هر کدام که بنویسی درست است، فقط معنای آن‌ها با هم
فرق می‌کند! علاوه بر نتایج گوگل، مغز من هم دیگر نمی‌کشید! اما خُب
یک اخلاق بدی من دارم! اینکه کار نیمه‌تمام اصلاً دوست ندارم. وقتی

کاری را شروع می‌کنم، تا تمامش نکنم، از آن دست نمی‌کشم. حتماً باید آن را تمام کنم، وگرنه همین طوری آویزان مغزم است!

خلاصه داشتم می‌گفتم! متنم را در موبایل می‌نوشتم، بعد آن را کپی و به ورد داکیومنت لپ‌تاپ منتقل می‌کردم. تازه آنجا هم داستان خودش را داشت. چون متن فارسی بود، کلی چیزها به هم می‌ریخت. تازه کتاب را هم نمی‌شد به زبان دیگری نوشت، چون هم قصد داشتم برای خوانندگان ایرانی بنویسم و هم پرنویسا، کوچ کتابم ایرانی بود. انگار در مسیری افتاده بودم که راه برگشتی نداشتم و کار هم برایم چندان آسان نبود.

پرنویسا و همکارش ول‌کن ماجرا نبودند و هر هفته پیشرفت کار را پیگیری می‌کردند. تازه همکلاسی‌های من هم بودند که یکی‌یکی از مراحل کار و پایان کتاب‌هایشان صحبت می‌کردند. آهسته‌آهسته دیدم کتاب من هم دارد شکل می‌گیرد، و دیگر من هم فقط به خط پایان فکر می‌کنم!

در کمال ناباوری دیدم چقدر حرف داشتم که بزنم و حالا حتی نمی‌توانم همه آن را در یک کتاب جا بدهم. در واقع کتابی که پیش روی شماست، چکیده‌ای از اطلاعات و دانسته‌های من است.

اکنون چه حس زیبایی دارم! اگر نوشته‌های این کتاب بتواند زندگی حتی یک نفر را متحول کند، من رسالت خودم را به انجام رسانده‌ام.

و همه چیز از یک سؤال در زندگی آغاز می‌شود!

و خواستن، توانستن است!

و امان از آن روزی که آدم خواسته‌ای قلبی داشته باشد!

تمام زمین و زمان و جهان هستی دست به دست
می‌دهند و تو را به خواسته‌ات می‌رسانند!

این‌گونه شد که اولین کتاب من تصادفاً به زبان
پارسی نوشته شد و به پایان رسید!

پایانی برای شروع سرآغازی دیگر ...

فهرست منابع و مآخذ

برایم بسیار دشوار است که منابع و مآخذی را عنوان کنم. زیرا مطالب این کتاب حاصل حدود بیست سال آموزش و یادگیری پیوسته از اساتید برجسته دنیا، تحصیلات آکادمیک خودم در این زمینه، تحقیقات شخصی‌ام، شرکت در کلاس‌ها و کارگاه‌های آموزشی مختلف، خواندن کتاب‌های بی‌شمار، تجربیات شخصی‌ام، تجربه‌های درمانی مراجعه‌کنندگانم و ... است. مخلوط همه این‌ها کار را برای جداسازی و اعلام مآخذ این کتاب سخت می‌کند!

اما به این وسیله فهرستی از کتاب‌های مرتبط را برای مطالعه شما خوانندگان ارجمند به اشتراك می‌گذارم:

۱. جادوی بزرگ: غلبه بر ترس با زندگی خلاق، نویسنده: الیزابت گیلبرت

۲. تو همانی که می‌اندیشی، نویسنده: جیمز آلن

۳. عادت‌های اتمی، نویسنده: جیمز کلیر

٤. هفت عادت مردمان مؤثر، نویسنده: استیون کاوی

۵. نیمه تاریک وجود، نویسنده: دبی فورد

٦. اثر مرکب، نویسنده: دارن هاردی

۷. معجزه سپاسگزاری، نویسنده: راندا برن

۸. قورباغه‌ات را قورت بده!، نویسنده: برایان تریسی

۹. کیمیاگر، نویسنده: پائولو کوئیلو

۱۰. پرسش‌های کوانتومی، نویسنده: باربارا دی‌آنجلیس و آنتونی رابینز

۱۱. سرنوشت خود را با دستان خود رقم بزنید، نویسنده: وین دایر

۱۲. کتاب باور کنید تا ببینید، نویسنده: وین دایر

۱۳. اصول و مبانی مایندفولنس (مدیتیشن قرن ۲۱)، نویسنده: آیدا رشیدی

١٤. ۵۰ روش علمی مدیتیشن، نویسنده: مارگارت راجرز

۱۵. ماورای طبیعی شدن، نویسنده: جو دیسپنزا

با سپاس

در عشق و نور و آگاهی باشید

چند کتاب پیشنهاد انتشارات برای شما

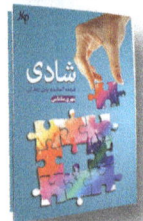

برای تهیه کتاب ها از آمازون یا وبسایت انتشارات می توانید بارکدهای زیر را اسکن کنید

kphclub.com

Amazon.com

Kidsocado Publishing House
خانه انتشارات کیدزوکادو
ونکوور، کانادا

تلفن : ۸۶۵۴ ۶۳۳ (۸۳۳) ۱+
واتس آپ: ۷۲۴۸ ۳۳۳ (۲۳۶) ۱+
ایمیل:info@kidsocado.com
وبسایت انتشارات: https://kidsocadopublishinghouse.com
وبسایت فروشگاه: https://kphclub.com